Medos, fobias e pânico

Lourdes Possatto

Medos, fobias e pânico

Aprenda a lidar com estas emoções

Lúmen Editorial

Medos, fobias e pânico
Aprenda a lidar com estas emoções.
Lourdes Possatto

1ª edição — abril 2010

Direção editorial: *Celso Maiellari*
Preparação de originais: *Cristina Lourenço*
Revisão: *Equipe Casa de Ideias*
Diagramação: *Alexandre Santiago / Casa de Ideias*
Capa: *Daniel Rampazzo / Casa de Ideias*
Projeto Gráfico: *Raquel Coelho / Casa de Ideias*
Impressão e acabamento: *Orgrafic Gráfica*

Dados Internacionais de Catalogação na Publicação (CIP)
(Câmara Brasileira do Livro, SP, Brasil)

Possatto, Lourdes
Medos, fobias e pânico : aprenda a lidar com estas emoções / Lourdes Possatto.
São Paulo : Lúmen, 2010.

ISBN 978-85-7813-026-8

1. Auto-ajuda — Técnicas 2. Emoções 3. Fobias 4. Medos — Aspectos psicológicos 5. Pânico — Distúrbios I. Título.

10-01479 CDD-152.46

Índices para catálogo sistemático:
1. Medos, fobias e pânico : Emoções : Psicologia 152.46

LÚMEN
EDITORIAL

Rua Javari, 668
São Paulo — SP
CEP 03112-100
Tel/Fax (0xx11) 3207-1353

visite nosso site: www.lumeneditorial.com.br
fale com a Lúmen: atendimento@lumeneditorial.com.br
departamento de vendas: comercial@lumeneditorial.com.br
contato editorial: editorial@lumeneditorial.com.br

2010

A Deus, a oportunidade de servir à Luz e à Verdade.

Aos meus pais, a oportunidade de cumprir mais um propósito de vida.

Aos meus filhos, que me ensinam a cada dia.

À natureza à minha volta, aos reinos vegetal e animal, que mostram a capacidade de servir e a ausência de ego.

Aos meus clientes, a confiança, troca de energia e aprendizagem que me proporcionam.

Dedico este livro aos corajosos de alma, que querem e estão dispostos a aprender com sua natureza e a ser suficientemente humildes para acatar seu direcionamento essencial.

Reflexões

Qualquer pessoa que tenha a mínima consciência de sua individualidade é movida pelo seu próprio amor, seu próprio trabalho, sem se importar intimamente com o que os outros pensam dela. Não espera o reconhecimento de ninguém, porque tem a si mesma.

— Osho

O orgulho é a mais enraizada manifestação da ilusão, e a ilusão é sustentada por uma cultura de convenções.

Maturidade pode ser definida pela capacidade individual de ouvir a consciência, em detrimento dos apelos do ego.

A vida conspira com os propósitos do bem, basta que nos devotemos a ele.

Nenhuma força é maior do que o bem em todos os tempos.

— Ermance Dufaux

Sumário

Introdução

Para lidar de maneira eficaz com os medos precisamos, primeiramente, aceitá-los, e, depois, procurar entender a mensagem que eles nos transmitem, que basicamente são duas:

- Medos preservadores: são considerados naturais e preservam a vida.
- Medos neuróticos: transmitem mensagens sobre a presença de forças e potenciais naturais que precisam ser reconhecidos em nós, para que os usemos adequadamente. São os medos que desenvolvemos por conta de nossas crenças de adequação; são medos projetados.

É imprescindível que compreendamos os nossos medos, a fim de, a partir dessa compreensão, lançarmos mão do nosso potencial de coragem, para, aí sim, mudar o que precisamos em nosso jeito de agir, e, com isso, termos condições de enfrentá-los e resolvê-los.

O trabalho de elaboração dos medos começa com um autoquestionamento:

- Como é a minha natureza? Como é o meu ego?
- O que me leva a agir de uma determinada maneira?
- Qual é a raiz desse comportamento?

Por mais que os medos possam atrapalhar, e por mais estranho que seja, é possível que alguém não queira amadurecer e livrar-se de seus medos, na medida em que lhe é seguro esconder-se atrás deles e com isso acomodar-se! Assim, para se livrar dos medos, é imperioso questionar-se, abandonar o comodismo e a visão de mimo que o indivíduo tem de si mesmo e da vida.

Aceitar, entender, confrontar os medos é uma forma de autoconhecimento; o medo não vai embora sozinho, a menos que compreendamos porque conservamos determinadas atitudes e se efetuarmos modificações em nossas posturas.

Do que você tem medo? Medo de viver? Medo de morrer? Medo de doenças? Do escuro, de água, de altura, de insetos, de animais, de perdas materiais, de perder pessoas queridas? Medo de que o mundo acabe? Medo do futuro, hipocondria, claustrofobia, solidão, medo de sonhar, medo de dormir, síndrome do pânico, fobias? Medo de ser você mesmo?

Eis aqui um grande paradoxo, pois a natureza, através de leis e códigos evolutivos, impulsiona o homem a ser ele mesmo, a assumir responsabilidade pela sua integridade e a se reaproximar de sua verdadeira natureza. Porém, os processos de aculturação, formação familiar e social lhe impõem crenças, decretos e defesas tais que o afastam de seu ser essencial, o que lhe acarreta, na realidade, um grande medo de ser ele mesmo. Então, o que acontece? Invariavelmente surgem os processos neuróticos e medos, e isso o afasta e impede de ser a expressão de sua verdadeira natureza. Você entenderá esse processo, uma vez que discorreremos sobre isso ao longo deste livro.

Entretanto, é importante entender que os medos fazem parte de nossa natureza. São mecanismos que preservam a vida. Não existe não ter medo de nada, sempre haverá certa apreensão, uma questão de tomar cuidado e observar melhor. De fato, se alguém não tivesse medo algum, com certeza seria um suicida em potencial. O medo de morrer, de algo não dar certo, daquilo que não conhecemos ou não entendemos é extremamente comum e saudável. O medo nos impõe um sentido de alerta, como que dizendo:

- *Cuidado!*
- *Vá com calma!*
- *Preste atenção!*
- *Pondere!*

E quanto ao medo de morrer? Saiba que temos em nosso organismo o chamado princípio da vida, cujo objetivo é preservar a nossa integridade, a fim de cumprirmos nosso propósito de existência, que é viver e estar de fato presente em cada processo de encarnação. Logo, ter medo de morrer é absolutamente normal, porque a existência desse medo está nos preservando, justamente para que tenhamos uma vida boa e com responsabilidade. Nossa natureza sabe e considera um processo normal nascer, sabendo que um dia iremos morrer, e que isto faz parte do mecanismo da vida.

Porém, o medo neurótico de morrer é aquele que impede o viver de forma saudável e responsável. Na realidade, poderíamos dizer que, quando o medo de morrer é muito intenso, significa que o indivíduo não está vivendo a vida que gostaria, ou não está sendo aquilo que gostaria de ser; logo esse medo de morrer, de forma lógica, existe como se estivesse expressando: "Deste jeito não quero, prefiro abdicar deste tipo de vida". Você entenderá melhor sobre isso em capítulo específico.

Enfim, quem de nós nunca teve medo, receio de algo? Por mais corajoso que alguém seja, em algum momento de sua vida, já sentiu e sentirá medos, receios e inseguranças, diante de alguma coisa ou fato. Sim, porque insegurança também é uma espécie de medo.

Existem os medos de coisas conotadas como ruins, como morte, perdas, solidão, doenças e também os medos de coisas consideradas boas, como ser feliz, ser bem-sucedido, ter boa saúde, ter um bom relacionamento. Aliás, estes medos são denominados de resistências, por conta de crenças adquiridas ou desenvolvidas durante a formação de um indivíduo. O mecanismo dessas resistências será explicado em capítulo específico. Há inclusive situações que determinadas pessoas vivenciam como ruins e querem alterá-las; sabem que, se houver mudanças, a possibilidade de melhoria existe, porém, ao mesmo tempo que sabem o que precisam fazer, elas têm muito medo de agir. Há o medo do novo. Precisamos perceber que vivemos todo dia um recomeço, e, se tivemos capacidade de viver todos os novos dias, bem como os acontecimentos relativos a eles até agora, por que achamos que não teremos capacidade para enfrentar o amanhã? Boa pergunta, não? Mesmo percebendo isso, os medos do futuro, do desconhecido continuam lá dentro. E por quê? Responderemos a isso, aguarde.

Todavia, se os medos fazem parte do mecanismo de preservação da vida, você deve estar se perguntando sobre os medos que fazem mal, aqueles que são danosos à nossa psique e que nos impedem de nos sentirmos bem. Podemos denominar esses medos de neuróticos, e você compreenderá melhor como os desenvolvemos;

existem também as fobias, que são os medos hiperdimensionados, sem razão aparente de um real perigo.

As origens dos medos podem ser várias, por exemplo:

- Experiências traumáticas.
- Crenças, superstições e informações erradas que nos foram inculcadas.
- Experiências subjetivas durante a vida intrauterina.
- Pensamentos ansiosos, catastróficos, fóbicos ou fantasiosos, não relacionados a eventos específicos, mas a fantasias do "poderia ser".
- Falta de autoconfiança, insegurança quanto a talentos e potenciais para enfrentar situações da vida.
- Desconhecimento da natureza essencial, com seus potenciais, habilidades e, sobretudo, força mental.
- Arquétipos — medos ligados ao inconsciente coletivo.
- Experiências de vidas passadas e atuais, que nos influenciaram sublimando nossa natureza.
- Falta de informação e conhecimento sobre determinados fatos e circunstâncias.

Podemos ter medos de coisas que não explicamos. Tomemos como exemplo o homem primitivo que temia os fenômenos da natureza, como raios, trovões e estrelas cadentes. Porque não podia e não sabia explicá-los ou entendê-los, achava que esses fenômenos representavam constatações da força negativa dos deuses, e que era necessário aplacá-la, a fim de propiciar a benevolência das divindades tutelares. Ramatis, no livro *Viagem em Torno do Eu*, nos diz que *Os cultos religiosos de todos os tempos expressam o sentimento do temor despertado pela ignorância, na qual os seres humanos viviam mergulhados com relação ao Universo criado e suas leis de equilíbrio e harmonia. Incapazes de manipular os aspectos criadores da Vida, as coletividades limitavam-se a articular, para uso próprio, uma interpretação do que viam. E de tal situação surgia, como decorrência, todo um conjunto de comportamentos reparadores e defensivos, nem sempre coerentes com a realidade ainda inexplorada.* Ramatis está aqui se referindo a rituais e determinados procedimentos cridos com a ilusão de aplacar a ira dos deuses.

Creio que, de forma idêntica à do homem dessas coletividades primitivas, com certeza atuamos assim ainda hoje, quando concedemos poder àquilo que tememos, justamente porque não entendemos, desconhecemos ou não explicamos determinado fato. Essa colocação de Ramatis reflete um arquétipo que carregamos, e isso tem muita lógica.

Aquele homem primitivo, por conta do seu temor e ansiedade, associava o que acontecia nos céus à sua postura de submissão, ou a uma forma de reverência. Possivelmente isso deu início a um ritual — a cada vez que ocorria o fenômeno, ele ficava quieto e temia os céus. Quem sabe num desses momentos os raios e trovões tenham se acalmado e aquele homem atribuiu esse fato à sua reverência ou a qualquer outro movimento que tenha feito, inclusive um pedido de socorro aos deuses. É bem possível que esteja aí a origem das manias para acalmar a ansiedade causada pelo medo. Inconscientemente foi então estabelecido o processo de associar gestos ou atitudes repetitivas com o objetivo de acalmar e apaziguar a ansiedade gerada pelo medo ou pensamento ansioso. As superstições também estão relacionadas a esse mesmo processo de associação.

Podemos afirmar também que, sob um aspecto mais abrangente, o medo, em nível apreensivo, pode estar relacionado à falta de fé no amparo da vida, ao desconhecimento das leis naturais bem como à ausência de autoconhecimento. Observamos isso na postura de determinados indivíduos que têm necessidade de controlar tudo e todos ou em alguém que pode ter muitas dúvidas quanto à sua capacidade de lidar com algumas situações possivelmente difíceis, e questiona se vai dar conta de fazer o que precisa ser feito ou enfrentar o que precisa ser enfrentado. Podemos citar como exemplos medo de doenças graves em pessoas queridas e próximas; estados terminais, contato com a proximidade da morte, própria ou de alguém bem próximo, velório etc. Quantas situações que tememos e sofremos por antecipação, com a sensação de que não sobreviveremos a elas, não é mesmo?

Enfim, a proposta deste livro é:

- O desafio de entender os nossos medos e suas raízes.
- Compreender que os medos neuróticos querem nos mostrar potenciais que temos, mas que não estamos usando adequadamente.
- Como nos desvencilhar dos medos neuróticos.

Afinal, entender, administrar os nossos medos, romper com os medos neuróticos, que nos deixam insatisfeitos, nos atrapalham, nos impedem de sermos mais naturais e contribuem para atrasar a nossa evolução espiritual, assim como saber lidar com os medos preservadores que nos impõem atenção e cuidado, tudo isso representa os caminhos para o autoconhecimento.

Boa leitura!

Medos
e ansiedade

Fomos educados para obedecer sem pensar, e a aceitar sem questionar. A chamada conscientização é uma conquista intransferível, individual, e somente possível quando nos permitimos analisar nossa singularidade com amor e ternura, sem punições e culpas. Não existe melhora íntima concreta, sem trilharmos essa vivência emocional.

— Ermance Dufaux

Se fôssemos seres mais naturais, ou seja, se atuássemos de acordo com as leis universais, os nossos medos também seriam naturais, e não atravancariam ou atrapalhariam tanto nossa caminhada.

É natural e normal sentirmos medos e apreensões, pois a natureza nos dota com um mecanismo de preservação à vida, quando nos faz sentir medo de coisas desconhecidas ou realmente perigosas. Possuímos em nossa natureza mecanismos de alerta e prontidão que nos preparam para fugir ou enfrentar situações que nos amedrontam; a essa reação denominamos enfrentamento ou fuga. O enfrentamento consiste na percepção da capacidade de confrontar uma situação, e a fuga consiste na percepção da inabilidade para o confronto. Essa reação de enfrentamento ou fuga existe na natureza de todos os animais e, é claro, no homem também.

Entenda o que se processa em nossa mente quando temos medos que são preservadores. Diante do que consideramos perigoso ou desconhecido, automaticamente aciona-se o mecanismo de ansiedade que antecede, prepara e impulsiona o organismo para uma determinada ação.

Este tema foi extensamente explicado no livro *Ansiedade sob controle*, porém, em resumo, podemos dizer que a herança do processo de ansiedade existe na natureza como uma forma de defesa e preservação da nossa espécie. Desde o início de sua história na Terra, o homem vem enfrentando uma série de desafios e só sobreviveu a eles quem tinha um sistema de vigilância bastante apurado. Situações que colocavam a vida em risco eram cotidianas, e os indivíduos que estavam mais alertas e que tendiam a ver perigo a cada momento tinham mais chances de sobrevivência. Também os considerados perspicazes e inteligentes se saíam melhor. Assim, podemos relacionar a ansiedade a mentes ágeis e perspicazes, e que conseguem meio que "prever" situações de risco e programar a defesa diante delas. Esta é a herança natural do homem: antecipar-se, preocupar-se permanentemente como se sua integridade física, sua sobrevivência, dependesse desse estado de constante alerta. O resultado é que trazemos desde o nosso nascimento um sistema de vigilância bastante sofisticado, mecanismo esse que garantiu a sobrevivência de nossos ancestrais.

Nossos ancestrais eram guerreiros, verdadeiros estrategistas, que tinham que lutar arduamente pela sua sobrevivência. Eles precisavam conquistar comida e um lugar seguro para sobreviver o suficiente para se reproduzir e dar continuidade à espécie. A seleção natural favoreceu a continuação da resposta da preocupação e da ideia de luta. Como descendentes da seleção que desenvolveu essa resposta ao longo de milhões de anos, é certo que o homem moderno ainda a possua.

O mecanismo de prontidão para a defesa e preservação chama-se **reação de luta/enfrentamento ou reação de fuga**. Ao observarmos essas reações nos animais, percebemos que todos reagem pela ativação da resposta de **luta ou fuga**. Quando o animal pressente um perigo que pode enfrentar, parte para o ataque; quando sente que não pode confrontar ou que o perigo põe em risco sua sobrevivência, ele foge, corre para longe do perigo. Digamos que uma gazela está pastando tranquilamente; nisso, sente o cheiro de um leão se aproximando; a gazela foge para bem longe do leão e, de preferência, o mais rápido possível. Por outro lado, digamos que a gazela tivesse que defender um filhote; nesse caso, ela ficaria para tentar defendê-lo e enfrentaria o seu predador.

Assim, o que temos? O mecanismo de autorregulação para o enfrentamento ou a fuga oferece a opção de **enfrentar** — no caso de uma necessidade real de preservação da espécie — ou de **fugir** — quando o animal sente que não tem competência para enfrentar o seu predador e, em legítima defesa e autopreservação, foge. Para sobreviver, o homem teve que contar com seus medos, sentidos de alerta, necessidades a serem satisfeitas, e tudo isso desencadeou a reação de enfrentamento ou fuga, à medida que sentia poder enfrentar o obstáculo ou que devia fugir dele. E é claro que contou com os mecanismos de ensaio e erro para aprender. Logo, concluímos que ter medo é natural e faz parte do nosso senso de autopreservação. Por exemplo, uma pessoa de bom senso jamais afagaria um cachorro dessas raças grandes e que não lhe seja familiar, só porque gosta de cachorros, ou ainda, não se aproximaria demais de um precipício, pois, por uma questão de instinto de sobrevivência, temeria cair.

Entretanto, precisamos diferenciar os medos que nos preservam dos medos neuróticos, que nada mais são do que a repressão de potenciais de nossa essência.

O fato é que o homem atual, para cuidar de sua sobrevivência, acabou desenvolvendo uma ansiedade mais sofisticada. Hoje, não basta cuidar de sua sobrevivência, ele acha que "tem que levar vantagem sobre o outro", dando uma de esperto, usando sua inteligência e perspicácia, não exatamente e só para sobreviver, mas também para passar por cima do outro, para mostrar sua habilidade em parecer "melhor ou superior"; ou, por outro lado, o homem desenvolve todo um processo de ansiedade para se defender desse mesmo espertalhão que lhe quer passar a perna. Enfim, parece que esses fatores que satisfazem mais ao ego do que à alma acabam gerando uma ansiedade muito grande, diante do medo de perder ou de se sentir inferiorizado. O homem de hoje incorporou inúmeros programas e esquemas de cobranças que dão importância demais ao dever de ser bem-sucedido, valorizando mais os resultados do que a experiência em si. O homem se afastou da natureza e acabou desenvolvendo fatores de defesa mais do próprio ego do que de sua essência.

Em contrapartida, diferente do homem, o animal se defende não por conta do ego; quando age, é sua natureza falando mais alto. Sua resposta de luta ou fuga é autêntica. O homem atual distanciou-se tanto das leis naturais que acabou desenvolvendo uma ansiedade um tanto quanto neurótica, que não defende de fato sua vida, mas sim o seu ego, egoísmo e vaidade.

O que quero deixar claro com isso é que o processo de ansiedade — estado de prontidão e alerta, ataque e defesa — existe em nossa história, e cada um de nós tem essa história gravada em seu inconsciente. E isso é o que Jung define como arquétipo ou inconsciente coletivo; ou seja, a história do homem na Terra está gravada e registrada em nosso inconsciente. Logo, temos essa ansiedade presente em nosso ser. E, é claro, essa ansiedade faz parte de nosso senso de autopreservação e preservação da própria espécie.

O fato de termos medo não é vergonha nenhuma, porque, como já foi dito, a natureza nos impõe certos medos e receios, simplesmente para que preservemos a nossa vida. O contrário, isto é, um indivíduo que não tenha medo algum torna-se antinatural perante a vida, e é considerado realmente um suicida em potencial. Os medos, às vezes, se fazem presente como uma voz amiga, nos dando um sinal, comparado com aquela luzinha no painel do carro, simplesmente nos pedindo para fazermos nossa parte, para ficarmos mais alertas e, com isso, nos preservarmos.

De qualquer forma, quando falamos em perigos reais, fica mais fácil usar a resposta de enfrentamento ou fuga. O difícil é quando falamos em perigos nada controláveis, como os da nossa imaginação catastrófica, ou outros, tais como assaltos, balas perdidas ou ainda o perigo das catástrofes naturais ou a insegurança político-econômica de nosso país e do mundo.

Com certeza sabemos que, hoje em dia, o ser humano passa por inúmeras situações hostis, nas quais ou tem vontade de fugir, sair correndo, ou tem vontade de atacar e destruir o que o incomoda. Talvez porque tenhamos ficado um pouco mais civilizados ou tenhamos desenvolvido demais a ideia de que simplesmente lutar ou guerrear nem sempre nos conduz a uma vitória, o fato é que hoje não necessariamente temos atitudes coerentes com o que sentimos e nem sempre podemos agir por impulso. Situações críticas e que tememos, nos impedem por vezes de agir, e então seguramos toda essa herança de enfrentamento ou fuga, retendo nossa vontade e ao mesmo tempo não elaborando da melhor forma as situações que nos incomodam.

Importante: entenda o processo — Cada vez que nosso cérebro detecta nossas preocupações, ele "interpreta" que estamos com medo ou em perigo, a partir do que estamos pensando ou vivenciando, e, imediatamente, de maneira automática e instintiva, modifica nosso corpo para a resposta de enfrentamento ou de fuga do potencial inimigo.

O nosso cérebro identifica como igualmente perigosas situações que nos incomodam, como circunstâncias que exigem que adaptemos nosso comportamento, situações tensas que nos amedrontam e nos preocupam, todas provocando essa resposta de luta ou fuga. O cérebro age de modo a mobilizar todo o corpo, para que este fique preparado para atacar ou fugir da situação que causa tensão; seja a situação que nos tensiona imaginária ou real, o corpo fica mobilizado para apresentar uma resposta: fugir ou enfrentar. O cérebro mobiliza todas as glândulas e todo esse processo serve para dar ao organismo as condições de enfrentamento ou fuga de situações que, sem dúvida, demandam energia e prontidão. Estamos, então, preparados para um "combate". Só que nem sempre o que realmente nos incomoda e/ou amedronta é real ou está acontecendo de fato. Na maioria das vezes, isso existe em nossa cabeça, na forma de pensamentos, fantasias e preocupações. E o que acontece diante dessas situações sutis que nos incomodam?

A resposta também é a mesma. Só que, por serem mais sutis, por existirem em nossa cabeça na forma de preocupações e fantasias, e por não serem reais, a resposta não é executada e, desse modo, não ocorre o enfrentamento ou a fuga. Como a resposta não foi executada e nada foi feito em termos de ação, sobra um residual de energia, que acaba sendo aquilo que chamamos de comportamento ansioso negativo — identificado como algo que está dentro do organismo e não é confortável, ou é sufocante e angustiante. Na maioria dos casos de ansiedade generalizada, a pessoa ansiosa e com medo nem tem ideia de como começou todo o processo, ela simplesmente se sente ansiosa constantemente. Com o tempo e pelo próprio acúmulo, toda essa energia resultante da ansiedade e medo acaba sendo transferida para algum órgão, gerando sintomas psicossomáticos, ou ainda se manifesta como válvula de escape, através de certas manias ou desassossegos constantes.

O problema da ansiedade, hoje, não está na condição em que o corpo fica para reagir; o que é realmente péssimo é que nem sempre a resposta ocorre e não há um encaminhamento adequado da energia mobilizada pelo cérebro. Perceba que quando a resposta de luta ou fuga ocorre, a energia residual é gasta ou no enfrentamento ou na fuga. Só que nas situações ansiosas e amedrontadoras, por conta de preocupações e fantasias dentro de nossa mente, essa energia não é utilizada. Como disse acima, às vezes alguém vivencia uma situação, quando então gostaria de partir para o confronto e destruir o objeto do medo, ou então sair correndo, e por alguma razão não faz nem uma coisa nem outra. Mas só pelo fato de ter ficado com raiva ou com medo seu organismo acaba por gerar toda a prontidão para que possa agir de uma forma ou de outra. Todo o preparo orgânico disponibiliza uma quantidade de energia, um estresse, mas, como a ação não é finalizada, uma parte dessa energia fica acumulada em algum lugar do corpo, o que, com o tempo, pode levar ao desenvolvimento das doenças psicossomáticas.

Considerando-se a história de vida de uma pessoa, podemos dizer que sistemas educacionais repressores e austeros, ou eventualmente protetores em demasia, tendem a desenvolver pessoas medrosas, que não confiam em si mesmas. É muito comum dentro de históricos de síndrome do pânico, ou TOC, queixas de superproteção, situação em que a criança não teve nenhum estímulo ou oportunidade para ganhar confiança em si mesma.

Assim, é muito importante buscar entender a raiz da ansiedade, que, na maioria dos casos, são medos oriundos de situações desconfortáveis, bem como de crenças introjetadas a partir de situações vivenciadas no período da infância. Podemos citar, como exemplo, contextos familiares onde há muitas discussões e brigas. É comum a criança desenvolver uma ansiedade muito grande, por conta do medo de, a cada briga, que por si só já é terrível e ameaçadora, ela nunca saber o que vai acontecer: se a briga vai parar, que final terá, e se no outro dia acontecerá novamente. Nesse momento, é possível que, pelo próprio medo, a criança introjete a ideia de que precisa fazer algo para que a briga pare. Pode até mesmo bater na parede cinco vezes, e a briga, por coincidência, parar. Isso é o suficiente para desenvolver a ideia obsessiva de bater na parede cinco vezes, ou praticar qualquer outra ação por cinco vezes, toda vez que ela se sentir ansiosa ou com medo. Esse comportamento compulsivo alivia a energia acumulada pelo medo e ansiedade e acaba criando uma profunda conexão, como se a própria ação impedisse as situações amedrontadoras de acontecerem. Outras vezes, a criança pode simplesmente associar a ideia de que, se tiver um comportamento muito adequado e superbonzinho, por exemplo, sua família não vai mais brigar, e, assim, ela conseguirá se sentir tranquila. Este é o padrão de comportamento que chamamos de pensamento mágico, que é a tendência de acreditar que, se fizer alguma coisa específica, poderá exercer o controle de uma determinada situação. É de vital importância entender que o pensamento mágico é uma grande ilusão, e que esse comportamento provavelmente vai se transformar em manias ou TOC. Portanto, essa compreensão se faz necessária justamente para eliminar, não só o comportamento compensatório como também a raiz da ansiedade. Num contexto como o descrito acima, é muito comum que a criança carregue esse medo e essa ansiedade para a vida adulta, ou até que tenha crises de pânico diante de situações de brigas ou ameaças de brigas reais ou imaginárias.

Com certeza, à medida que tomamos consciência de nosso processo emocional, de nossa maneira de ser e de ver as coisas, temos condições de interromper e curar a ansiedade negativa que é resultante de nossos pensamentos catastróficos e amedrontadores. Realmente, também precisamos desenvolver confiança na força atualizadora ou na natureza dentro de nós, precisamos perceber a força natural de nossos recursos interiores, para podermos aprender a contar com essa força e parar de querer controlar o futuro e os outros com o nosso pensamento.

Outrossim, precisamos tirar o foco dos medos em si e, ao invés de somente nos preocuparmos, devemos perceber as saídas que nos oferecem alternativas e maneiras de lidar com nossos medos, que nos façam sentir melhor e mais felizes. É preciso colocar o foco na ação e na decisão de querer enfrentar o medo, e se é realmente necessário que o confrontemos. De qualquer forma, a ação precisa ser direcionada para o que nos faz realmente bem, e não para provar alguma coisa para alguém; o nosso bem-estar tem de vir de nossas próprias ações, sem esperarmos que esse bem venha da aprovação ou concordância do outro.

MEDOS
e neurose

Um dos ensinamentos do mestre Jesus é: "Não faças ao outro o que não queres que ele te faça; assim, também não faças a ti mesmo o que não queres que o outro te faça".

"Para nos melhorarmos, outorgou-nos Deus, precisamente, o de que necessitamos e nos basta: a voz da consciência e as tendências instintivas. Priva-nos do que nos seria prejudicial."

— O EVANGELHO SEGUNDO O ESPIRITISMO — CAP. V, ITEM 11.

A intenção deste livro obviamente não é falar dos medos normais e preservadores, mas sim dos medos neuróticos, aqueles que nos atrapalham e impedem nosso sossego, amadurecimento e evolução espiritual.

Uma vez assisti a um filme chamado *Um visto para o céu*. Nele há uma cena que gostaria de descrever. Esse filme conta a história do julgamento de um sujeito que morreu e estava sendo julgado no astral a fim de saber se voltaria a encarnar na Terra, ou se iria para mundos mais evoluídos. O ponto forte naquele julgamento era a abordagem dos medos do sujeito e de como eles o atrapalharam. Numa cena, ele relembra um determinado momento de sua vida em que queria e precisava de um aumento de salário. Ele treinou com a esposa o diálogo que teria com o chefe para pedir o tal aumento, e todas as possíveis respostas negativas que o chefe lhe daria. Treinou convicção e firmeza. Só que, na realidade, quando foi conversar com o chefe, nem chegou a pedir o aumento, pois este foi logo avisando o que lhe daria, ou seja, algo muito abaixo do que ele queria. E o que o sujeito fez? Nada, simplesmente calou-se, não refutou, não reagiu, ficou frustrado, é lógico, porém nem tentou argumentar. Quando relembrou essa cena, foi-lhe observado como nunca ousou, nunca procurou se defender ou mostrar o seu valor. De fato, ficou muito claro o quanto ele foi condicionado para agradar, esperando com isso ser valorizado e aceito. E, por conta desse condicionamento, desenvolveu o medo de se mostrar de forma autêntica. Enfim, o filme mostra de uma forma engraçada como os medos podem nos atrapalhar e atrasar o nosso processo de evolução.

O que é neurose? Frederick S. Perls, criador da Gestalt-terapia, diz que *uma pessoa absolutamente sadia está inteiramente em con-*

tato consigo mesma e com a realidade, o que não acontece com o neurótico. Freud (teoria psicanalítica) dizia que todos nós somos neuróticos e que é muito difícil sairmos totalmente da neurose. Penso que em parte ele tinha razão, também acho que somos bastante neuróticos; porém acredito que podemos sair da neurose quando tomamos consciência de como funcionamos e quando lançamos mão dos recursos essenciais de nossa natureza. Todos nós trazemos uma individualidade que contém crenças plasmadas de outros momentos de nossa existência, propósitos que iremos realizar nesta vida, necessidades de acertos e reparações e, a partir de tudo isso, concluímos que realmente estamos aqui para evoluir a partir do contato com as grandes leis da vida. Se todos nós já trazemos um propósito de vida para cumprir, logo, por conta disso, já trazemos também conteúdos devidamente plasmados em nossa alma, que tanto servem para nos lembrar de nossos compromissos assumidos, como também nos impõem um tipo de sensibilidade e um ritmo muito individual de captar e absorver certos conteúdos em nossa formação. Lembre-se de que tudo serve para promover a realização do propósito com o qual nos comprometemos, e, assim, não existem vítimas. Digamos que trazemos uma espécie de software, o que nos torna realmente individuais, cada um é único e não existe ninguém igual ao outro.

De uma maneira geral, podemos definir como neurose tudo o que destoa de um funcionamento equilibrado e natural. E o funcionamento equilibrado e natural traz bem-estar, obviamente. A neurose é um estado de desequilíbrio e consiste num conjunto de crenças e posturas que um indivíduo carrega e que cria uma espécie de visão distorcida da realidade, gerando um mal-estar constante, com a presença de sensações de infelicidade e instabilidade emocional. Essas sensações ocorrem como um meio de a natureza avisar que há uma lesão, por conta da absorção de uma longa lista de deves e não deves que se tornam verdadeiras barreiras e que podam a naturalidade. É como se por conta da formação o indivíduo fosse obrigado a vestir uma roupa que não lhe serve. São os princípios preestabelecidos, preceitos impostos de certo e errado, que literalmente "matam" o ser verdadeiro. Assim, um aspecto a ser destacado é que o medo da morte está no fundo das ideias da maioria das pessoas, por sua conexão com a neurose, pois o neurótico tem tanto medo de viver quanto de morrer. Afinal, viver plenamente é arriscar morrer, e a crença, no processo neurótico, é de que estar aberto à vida é perigoso.

Ora, no estado de equilíbrio, uma pessoa pode apresentar medos naturais que a preservam, e, de uma forma geral, ela não se aventura desnecessariamente só para provar que tem coragem, pois isso é mecanismo do ego; lembrando que ego se refere à imagem que fazemos de nós, e os mecanismos do ego são os que geram demasiada preocupação com o que os outros podem pensar de nós; logo, o mecanismo do ego coloca o foco no outro e não no indivíduo em si, que é onde deveria estar; se o indivíduo está equilibrado, encontra-se em contato com a realidade e consigo mesmo, sabe o que quer e percebe os potenciais e a ação necessária para realizar os seus objetivos, os quais, certamente, ele sabe quais são e porque está centrado, o que não acontece com o neurótico.

A neurose é totalmente diferente desse equilíbrio, uma vez que o neurótico não está plenamente em contato consigo mesmo, e muito menos com a realidade. Com efeito, o neurótico é o que apresenta muitos medos, muita ansiedade, falta de centralidade e, obviamente, ausência de contato com o seu querer verdadeiro;

assim, nunca sabe o que quer ou para onde deve ir; ou, eventualmente, segue os caminhos que lhe são impostos ou solicitados por outras pessoas a quem o neurótico dá poder, porque na maioria das vezes também é um dependente emocional. Esclarecendo, dependência emocional é a sensação de depender de alguém para viver (este tema da dependência emocional é muito bem explicado no livro *A essência do encontro*). Geralmente, toda a estrutura que nos é transmitida enfatiza que, a menos que tenhamos reconhecimento ou aprovação externa, não somos ninguém, somos inúteis. Assim, é muito fácil que esse contexto gere pessoas que apresentam uma enorme dificuldade de se reconhecerem e se valorizarem, a menos que sejam reconhecidas e aprovadas pela sociedade, ou, no mínimo, pelo outro mais próximo. Logo, há uma resultante aprendizagem de falta de contato consigo mesmo, não havendo a percepção clara dos próprios sentimentos, mas sim uma supervalorização e expectativa de aprovação externa.

É claro que ninguém opta naturalmente por ser neurótico. Um indivíduo acaba ficando neurótico e entrando em neuroses em função do processo de aculturação e da própria formação, conceitos educacionais e sociais que recebe e simplesmente mantém, mesmo depois de crescer, sem questioná-los de maneira correta. É importante enfatizar que a família pretende ser equilibrada, porém não é, e acaba ocorrendo uma transmissão de neuroses de geração para geração. De qualquer forma, precisamos lembrar que não é sensato culpar os pais, a família ou a sociedade, uma vez que cada um faz o que pode e transmite o que aprendeu, e, enfim, o que sabe. Só que isso não deve ser também uma desculpa para a acomodação e o não querer amadurecer, deixando de acreditar na possibilidade de mudança e evolução.

O que cada um precisa fazer é tomar consciência do seu próprio processo de formação, repassar e repensar tudo o que aprendeu e introjetou, havendo a necessidade de rever valores e responsabilizar-se pelo jeito genuíno de ser e sentir. É como se tivéssemos que reaprender com base no nosso próprio bom senso.

Como dito antes, é muito comum que, por conta de nossa formação e situações vividas em nossa infância, desenvolvamos crenças sobre a vida e sobre nós mesmos que não são necessariamente verdadeiras. De certa forma, aprendemos a ser uma coisa que lá na frente, em nossa vida adulta, teremos que questionar a fim de resgatar a natureza que ficou devidamente podada, por conta do processo de formação familiar, social e cultural. Chamo a essas crenças de decretos de sobrevivência, pois não os introjetamos à toa, mas logicamente com o propósito de sobreviver naquele meio em que nascemos. De fato, a maioria desses decretos resulta em uma sobrevivência ruim, porém, no momento em que os introjetamos, o fizemos por conta de um processo defensivo, instintivo. É importante deixar claro que a criança conclui ou cria decretos de sobrevivência de forma instintiva, não por raciocínio lógico ou intelectual, pois ela ainda não tem essa informação ou maturidade. Assim, tudo o que passa a introjetar, e que passa a ser um decreto de sobrevivência, ela o faz por questões instintivas buscando assegurar sua integridade e vida.

Segundo a psicologia cognitiva, as crenças e decretos são as ideias mais centrais que uma pessoa tem a respeito de si mesma. As crenças, na maioria das vezes, se desenvolvem na infância, à medida que a criança interage com pessoas que lhe são significativas e vivencia uma série de situações que confirmam essas crenças. Durante grande parte de suas vidas, a maioria das pessoas pode manter crenças centrais positivas ou negativas. As crenças positivas não representam um problema, a não ser quando fogem à realidade. Por exemplo, alguém pode se achar forte e invulnerável (crença positiva) a tal ponto que descuida da preservação necessária à sua vida, e pode literalmente se envolver em perigos por falta de bom senso. Exemplo de outras crenças positivas: sou amável, sou digno, sou bonito, sou leal, sou honesto etc.

De forma geral, as crenças negativas se encaixam em duas categorias: as que são associadas ao desamparo e as que são associadas à sensação de não ser amado. Na maioria das vezes, as crenças negativas são a base dos momentos de aflição psicológica, medos ou situações de crises existenciais, e também podem existir continuamente ativadas, no emocional de um indivíduo, e isto obviamente garante um estado constante de medo e alerta (ansiedade). As crenças centrais negativas podem ser bastante generalizadas, abrangendo outras pessoas e também o mundo perante o qual o indivíduo se sente indefeso, fraco e vulnerável. Por exemplo:

- Ninguém é confiável.
- Todas as pessoas são perigosas e podem me magoar.
- O mundo é ruim, perigoso e hostil.
- A vida é difícil.

As crenças introjetadas com relação ao externo, como as citadas acima, são ideias supergeneralizadas que, com frequência, precisam ser reavaliadas e modificadas, bem como as crenças centrais sobre o próprio eu.

As crenças centrais negativas costumam ser supergeneralizadas e rígidas; classifico-as como conclusões fatais que uma pessoa faz sobre si mesma e que, obviamente, não têm validade.

Vejamos como exemplo uma criança que constantemente recebe muitas críticas do tipo: "Você é um desastre, não faz nada certo, se continuar assim, nunca dará certo na vida...". O que a criança sente num contexto como esse? Ela normalmente não consegue perceber que a crítica se refere a algum comportamento dela e não a ela como um todo. Então, o que pensa sobre si mesma? Em geral, de acordo com um raciocínio defensivo e instintivo, a criança poderá concluir algo mais ou menos assim: "Se sou tão ruim assim, e não consigo fazer nada certo, então sou um incompetente, não sou bom"; e, perante as suas necessidades vitais de amor, amparo e aceitação, conclui e decreta: "Tenho que ser superlegal, bonzinho, tenho que fazer tudo muito bem-feito, e não errar, não posso desagradar". Assim, analisemos:

- Aqui a conclusão é: sou um erro, um incompetente; não sou bom o suficiente.
- Decreto de sobrevivência: tenho de ser legal, tenho que agradar, não posso errar.
- Defesa do grande medo básico: se não puder ser legal e agradar, qual o medo? De não ser amado, aceito ou valorizado; de ser rejeitado, abandonado, desamparado, e enfim, morrer.

Vemos assim que existe o medo de que algo desastroso aconteça e isso tem de ser evitado a qualquer custo, ou seja, com o decreto de sobrevivência. É claro que a conclusão não tem validade, e certamente essa pessoa em sua vida futura terá que refazê-la, baseada no seguinte questionamento:

- Não ter atendido às possíveis exigências exageradas de seus pais, faz dela um erro?
- Não ter conseguido ser alguém tão certinho, segundo as cobranças e críticas de sua família, a torna incompetente?

É claro que não para as duas perguntas; é importante também refazer a crença e perceber que errar é considerado absolutamente normal e natural num processo de aprendizagem, mesmo porque não existe saber até que aprendamos. Aliás, essa cobrança absurda é muito comum: "Tenho que saber, mesmo sem ter aprendido". Outro ponto é quanto à incompetência e incapacidade. O que é incapacidade e incompetência, senão a impossibilidade ou falta de habilidade em fazer alguma coisa? Ora, necessariamente isso não é um problema, senão vejamos:

- Quantas vezes podemos fazer alguma coisa, mas não queremos?
- Quantas vezes queremos fazer algo muito difícil ou mesmo impossível e não percebemos essa incapacidade real?

O fato de não querer fazer algo é livre-arbítrio e não incapacidade ou incompetência. Eventualmente alguém pode não ter uma determinada habilidade e isto não o torna incapaz. Eu, por exemplo, não tenho raciocínio espacial. Se tivesse cursado engenharia ou arquitetura, teria, obviamente, muita dificuldade em acompanhar o curso, mas não seria impossível, apenas muito mais difícil em comparação com alguém que possui essa habilidade. Todos nós temos habilidades naturais, talentos ou facilidades que já trazemos (dons), e assim, a comparação é uma lesão, uma vez que ninguém possui todas as habilidades; haverá sempre pontos mais fortes e outros nem tanto, e isso não significa burrice ou incapacidade. A impossibilidade real de fazer alguma coisa também não significa incompetência, e sim limite. Posso lhe pedir, por exemplo, para transformar uma pedra em ouro. Você pode fazer isso? E é claro que o fato de não poder realizar isso não o torna um incapaz, mesmo porque estou lhe pedindo algo impossível de ser realizado.

Assim, reflita em suas cobranças, e poderá perceber que sua sensação de incapacidade e incompetência não tem sentido, uma vez que o fato de não desempenhar algo recai, como dito acima, no poder de escolha ou no limite real, ou seja, não há habilidade para realizar esse algo que está sendo cobrado. Logo, ser incapaz com relação a alguma coisa é natural, e não defeito.

É claro que em nossa infância não tínhamos maturidade para questionar os absurdos que foram exigidos, ou mesmo para não dar muita atenção às críticas que recebemos. Agora, o que é muito importante perceber é que atender às expectativas de alguém não seria possível mesmo, uma vez que atender todas as expectativas do pai, por exemplo, seria o mesmo que ser uma extensão dele. Mas o filho é um ser diferente e existe separado do pai, portanto, e somente por isso, já tem o direito de ser ele mesmo e de não ter que atender às expectativas do pai, porque isso é impossível. Quantas expectativas e críticas veladas que recebemos através de um olhar, por exemplo? E eu pergunto: quem é que disse que temos capacidade de adivinhar pensamentos só pela expressão do outro? Desse modo, veja como é essencial questionar e perceber estas verdades, a fim de não carregar culpas por conta de não ser o que os pais queriam que você fosse. Enfim, não devemos culpar ninguém, porque sempre penso que os pais e aquele meio familiar só fizeram o que sabiam, agiram em função de seus próprios conteúdos emocionais, e você pode ter sido o alvo dessas atitudes, porém tenha a certeza de que você não foi o motivo, e é vital compreender isso para retificar as conclusões fatais negativas que você carrega sobre si mesmo. Por isso precisamos questionar as crenças a nosso respeito; pois o comum é que venhamos a nos cobrar e criticar da mesma forma que fizeram conosco. E por que fazemos isso? Porque foi o modelo emocional que tivemos. Hoje, justamente a partir do que sentimos, de nossas insatisfações e insucessos, por exemplo, podemos, num processo de autoconhecimento, perceber a nossa natureza nos empurrando para sermos mais autênticos e responsáveis, e, para isso, precisamos, sim, questionar e refletir nas crenças que trazemos sobre nós mesmos e na maneira como nos tratamos.

De fato, precisamos perceber que não somos mais crianças, outrora realmente indefesas e frágeis, mas sim adultos, e que temos potenciais, capacidades que devem ser usados para sustentar nossas próprias necessidades.

Vejamos alguns exemplos de crenças centrais negativas:

Crenças centrais de desamparo: o medo do desamparo é o âmago central da crença.

- Sou inadequado.
- Sou impotente.
- Sou ineficiente.
- Sou incompetente.
- Sou fraco.
- Sou um fracasso.
- Sou vulnerável.
- Sou desrespeitado.

- Sou carente.
- Sou defeituoso (o outro é melhor do que eu).
- Não sou bom o suficiente para ser bem-sucedido.

Crenças centrais de não ser amado: o medo é não ser amado e considerado.

- Não tenho valor.
- Sou incapaz de ser querido.
- Sou diferente (ou seja, inferior).
- Sou indesejável.
- Sou imperfeito (ou seja, ninguém irá me amar).
- Não sou atraente.
- Não sou bom o suficiente para ser amado.
- Ninguém me quer.
- Sou ruim.

É muito importante que essas crenças negativas sejam questionadas e repensadas. É necessário, também, refletir sobre as crenças centrais negativas, quanto aos seguintes aspectos:

- As crenças centrais negativas representam ideias que foram defensivamente concluídas, mas que não significam necessariamente verdades absolutas; pelo contrário, a maioria dessas crenças não tem validade real; mesmo que o indivíduo acredite nelas ou até sinta que são verdadeiras, ainda assim deve refletir que a crença, em grande parte ou inteiramente, não tem validade real.
- A crença central negativa está enraizada em situações normalmente da primeira infância, que podem ou não ter sido verdadeiras, pois é muito natural a criança dar grande

ênfase a uma situação que na realidade pode ter acontecido de forma diferente daquela que ela reteve. Eventualmente a criança pode carregar apenas uma sensação, sem lembrar de algo concreto. E a sensação também pertence à sua forma de reter os fatos, e não necessariamente à realidade.

- A crença central continua a ser mantida como a base de decretos de sobrevivência, nos quais o indivíduo se apoia frequentemente porque passaram a ser um *modus operandi*.
- Num trabalho de autoconhecimento, em psicoterapia, através de uma variedade de estratégias com o objetivo de compreender o medo de ser destruído (que é o âmago emocional dessas crenças), é perfeitamente possível rever e mudar as crenças centrais negativas, a fim de que se possa ver a si mesmo de forma mais realista e madura e adquirir autoconfiança para expressar-se autenticamente.

Em meus livros anteriores, principalmente no *Em busca da cura emocional* e *Equilíbrio emocional*, esse assunto foi intensamente abordado.

De fato, nascemos com uma disposição natural de sermos espontâneos. A natureza em nós nos dota para isso. O que acontece é que a própria formação e educação tradicional, social e familiar acabam podando os trejeitos naturais e impondo regras de conduta, o que, obviamente, impõe ao indivíduo uma personalidade egoica e deliberada que o afasta de suas tendências naturais. O processo de aculturação pelo qual passamos reforça e muito a necessidade de nos preocuparmos com a imagem que transmitimos, e assim fica meio que imposto que devemos ser algo esperado e adequado segundo os parâmetros sociais, religiosos e familiares. Somos criados para sempre esperar, a partir de nossas ações, aceitação e apoio dos outros, na forma de elogios, aplausos, conceitos de valor ou de utilidade. Para valorizar somente o que fazemos para atender às expectativas dos outros, do que é esperado de nós, e não para valorizar simplesmente o ser que somos. Só que, apesar disso ser muito verdadeiro, quero lembrar um dado importante: ninguém é vítima. E é muito importante não cair no vitimismo, pois culpar a família, a sociedade e o mundo onde você vive pode colocá-lo numa zona de conforto e comodismo, condição essa que não vai proporcionar maturidade e independência emocional. Perceba que cada um nasce no contexto certo, justamente para poder realizar o seu propósito de vida (veja o capítulo "A jornada da alma" no livro *Em busca da cura emocional*). É primordial compreender esta questão e também trabalhar seu processo de individuação (através do autoconhecimento), para se livrar de contextos negativos que você absorveu. Tudo, enfim, faz parte do processo evolutivo, perante o qual a condição de mimo e de vítima pode atrapalhar, e muito, o resgate do seu eu essencial, seu progresso e amadurecimento, seja intelectual ou espiritual.

Voltando aos aspectos neuróticos, que tanto nos afastam de nossa naturalidade e espontaneidade, gostaria de apresentar o conceito de neurose da Gestalt-terapia.

Frederic Perls afirma que a neurose consiste de cinco camadas. O processo de neurose reúne uma série de condições impostas socialmente, tal como um script a ser obedecido como veremos a seguir.

A primeira camada da neurose é a camada dos **clichês**. Clichês são convencionalismos, chavões, normalmente presentes em nossos relacionamentos: "Bom dia", aperto de mão, "tudo bem... tudo bem", "tudo de bom para você", "beijinhos", expressões casuais que estão inseridas nos relacionamentos superficiais, símbolos e comunicações nem sempre verdadeiras e sem muito significado que são usados num encontro. Não acho que devamos ser grosseiros, mas será que não podemos ser mais autênticos, e não distribuir beijinhos, por exemplo, quando não o queremos? Não temos que distribuir abraços se não quisermos, só para parecermos simpáticos, não é mesmo? E, se quisermos abraçar e beijar, que tal agir mais espontaneamente, sem nos reprimir em nossas manifestações, só porque o local não é o ideal? Acho que o legal é refletir nesses convencionalismos e buscar maior autenticidade e naturalidade.

Bem, nessa troca de clichês encontra-se a segunda camada da neurose, quando então fazemos **jogos** e desempenhamos **papéis**, jogos de dominador e dominado, jogos de controle, aprendidos e impostos. Carregamos rótulos, como: a pessoa importante; o sujeito engraçado; o perfeitinho; o bebê-chorão; a menina boazinha; o menino bonzinho; a supermãe; o pai herói; o eficiente; a boa moça; a esposa dedicada; o homem provedor; o contestador; o rebelde sem causa; seja qual for o papel escolhido para ser desempenhado. Geralmente os papéis embutem imposições tradicionais, como: homem que é homem não chora; a mãe é sempre boa e perfeita; menino não brinca com determinados brinquedos; menina idem; homem não pode ser sensível, tem que ser durão; a mulher tem de ser passiva, submissa, sensível; a mulher não pode ser muito forte e objetiva, senão é "machona". Os papéis são imagens projetadas pela cultura do que é esperado de alguém, daquilo que ele "deveria ser". Eventualmente alguém pode dizer:

"Ah, o sujeito é médico? Então já sei como ele é"; "Fulana é modelo, ah, já sei como ela pensa". Absurdos como esses são bem comuns, ocorrem quando as pessoas criam em sua cabeça uma imagem formatada de como alguém é, simplesmente por uma determinada faceta, como a profissão, por exemplo, sem levar em conta o aspecto individual de cada um e sua liberdade de ser ele mesmo. Ao longo do tempo, os valores sociais tradicionais impuseram conceitos como esses. Como se os rótulos tivessem um significado real sobre o indivíduo. O fato de alguém ser médico, engenheiro ou costureiro não diz nada a seu respeito; alguém revela o que faz para se sustentar e isso não diz nada a seu respeito; nem o nome ou sobrenome de uma pessoa diz algo sobre ela mesma e sobre o seu jeito de ser. É interessante refletir que cada indivíduo traz um EU consigo mesmo, um EU que não tem nada a ver com o nome que ele recebe, e nem com o tipo de vida que tem, nem com as condições financeiras ou intelectuais da família, sobrenome, tradicional ou não; cada um tem um EU único, que existe independente de condições externas. Assim, convenhamos que os rótulos não são e não representam o EU.

Na verdade, as raízes emocionais dos papéis que são desempenhados pelas pessoas são as crenças e os decretos de sobrevivência que foram assumidos, uma vez que tais crenças e decretos, que todos nós trazemos, impõem um determinado papel que desempenhamos na maior parte do tempo. Assim, os jogos e papéis são camadas superficiais, sociais, e são chamadas **como se**. É o como se fosse algo que na realidade não é. É o comportamento que denota o como se fôssemos algo ou alguém que, de fato, não somos. É como se fosse criada a ideia de um eu ideal, que acreditamos que somos, simplesmente por desempenharmos um papel, como se fôssemos atores. O ator, por mais que esteja envolvido na interpretação de um personagem, na realidade não é o personagem, embora esse papel possa eventualmente ter uma característica da verdadeira personalidade do ator e vice-versa. Em suas vidas, é muito comum que as pessoas acreditem que, por interpretarem ou desempenharem um papel, elas são aquilo, o que não é realmente verdade, principalmente pelo fato de que o papel é imposto pelos valores culturais, na forma de modelos do que é ou não adequado. Agem como se estivessem num jogo. Nesses jogos interpretam papéis como se estivessem vestidos de uma capa específica, a daquele papel que acham que tem de desempenhar, chegando a confundir o papel com o ser real. E, assim, fingem, ou acham mesmo, que são melhores, mais ríspidos, mais fracos, mais educados, mais perfeitos, mais eficientes, mais afáveis etc, do que realmente se sentem. É isso: a maioria de nós aprendeu a mostrar uma imagem e uma aparência daquilo que não somos de fato, com o objetivo de angariar aceitação e reconhecimento; e essa imagem ou aparência não embute nosso real suporte, força, desejo ou talentos genuínos, mas sim o que é esperado de acordo com as posturas tradicionais. Essa neurose traz para nossas vidas um grande prejuízo, uma vez que interpretar um papel gera um enorme gasto de energia e um constante mal-estar, pelo desgaste em si e porque ninguém aguenta ser o que não é por tanto tempo e se sentir bem. Isso contraria a lei da natureza, que é o bem informando que a postura é correta, e o mal informando que a postura não é correta para uma dada natureza, lembrando que cada um é único, portanto o que é bom para alguém pode não ser para o outro.

Perls enfatiza o que aconteceria se acabássemos com a camada do desempenho de papéis; o que iríamos vivenciar? E afirma que, provavelmente, experimentaríamos uma sensação de nada, de vazio, uma sensação de estarmos presos e perdidos, justamente porque nos habituamos desde sempre a desempenhar papéis que, na realidade, visam uma resposta externa. A resposta externa e esperada é o elogio, a atenção, o aplauso, a aceitação, alguém que diga que você é bonito ou inteligente, como se essas afirmações fossem sugestões hipnóticas. "Se alguém diz que sou inteligente, eu sou; caso contrário, não tenho opinião sobre isso, e fica chato e inconveniente achar isso, pois poderia parecer vaidade". Quanta besteira, não? E ainda há pessoas que acham que tem de ser aquela falsa modesta, confundindo os verdadeiros conceitos de modéstia e de humildade; afinal, quantos reforços que nós recebemos para parecermos humildes, modestos, porque isso sim é que é bonito e louvável!

Logo, se o apoio externo não vem, parece que o ego vai desmontar, porque continuamos a procurar no mundo exterior apoio para o nosso ego, alguém para nos dar estímulo. Realmente não aprendemos, não fomos treinados a estar em contato com os nossos sentimentos reais, daí o vazio que iríamos sentir ao parar com o desempenho dos papéis, por pura falta de treino de contato genuíno com o que sentimos. E acabamos, invariavelmente, agindo de uma determinada maneira, visando receber o retorno externo, seja positivo ou negativo, a fim de saber se estamos adequados ou não em relação aos contextos e modelos esperados. Perceba que aqui, por conta da falta de contato genuíno ou autoapoio, a pessoa na realidade não se percebe, ela apenas está em contato com o desempenho, com o jeito que terá de se comportar para se sentir aprovada pelo meio; aprovação e aceitação essas que visam suprir aqueles vazios emocionais que estão dentro dela. Só que, para trabalhar a neurose, um dos pontos importantes é acabar com o desempenho dos papéis; e o momento de pararmos de desempenhar papéis e de sermos mais espontâneos acontece quando nos damos suporte interno, para entrar em contato com o que sentimos, sem a ideia de obrigação, e contando, como ponto de apoio, com a sensação de bem. Com isso preenchemos nossas necessidades emocionais de aceitação, consideração e valorização. Para treinar o contato com o sentir, torna-se necessário questionar: "Isso me fará bem? Como me sinto com isso"? Estas são questões interessantes e fundamentais para se fazer no dia a dia, a fim de que você possa voltar-se para si mesmo e receber um retorno verdadeiro com base naquilo que lhe faz bem, o que, com certeza, gerará a ação genuína e não aquele agir somente convencional ou adequado. O ideal é deixar de usar a capa de proteção (papéis adequados), ou ego, para ser a pessoa genuína com ações espontâneas e verdadeiras. Apesar do sentimento de vazio temporário que alguém pode sentir ao romper com os papéis, é um passo importante no amadurecimento, caso contrário não haverá a percepção dos buracos emocionais a serem supridos e nem a necessária mudança de atitudes, quando precisará redirecionar a energia para preencher os vazios a partir das ações voltadas para seu próprio eu.

Perceba que de fato precisamos entrar em contato com os vazios que sempre existiram dentro de nós, e que, ao longo do tempo, achamos que seriam preenchidos pela aprovação externa, caso nos comportássemos do modo esperado e adequado.

Precisamos entender também que, quando estamos desempenhando papéis esperados ou de acordo com um contexto convencional, estamos nos colocando numa **situação de impasse**, que é a terceira camada da neurose, que é mais ou menos o seguinte:

Imagine um muro e você em cima dele, com dois posicionamentos diferentes. De um lado:

- autoapoio — O que fazer? Quais as opções? Posso ser totalmente honesto, sem me preocupar em atender às expectativas dos outros. Eu preciso e posso me bancar.

E do outro lado:

- desempenho de papéis — Devo levar em consideração o que o outro espera de mim e o que quero receber dele. Devo agir para atender à expectativa do outro e me cobro agradá-lo. (Temos aqui a desonestidade interna por conta da necessidade do apoio externo.)

Veja bem, ser honesto internamente significa expressar e fazer exatamente o que sentimos que é bom para nós, e isto implica em amadurecimento, em assumir a responsabilidade pelos nossos atos, em nos bancarmos, sem esperar nada do outro nem aprovação, nem aceitação, enfim, nada. O problema é que aprendemos justamente o contrário, que devíamos ser desonestos para com nós mesmos e atender às expectativas dos outros para receber alguma coisa deles, do tipo carinho, aceitação, aprovação e coisas assim.

O impasse é a sensação angustiante de ficar “em cima do muro”, de um lado está o meu autoapoio, eu suprindo a minha necessidade, principalmente satisfação e prazer, e do outro lado está o ego, com a necessidade de apoio externo, e isto significa não ser verdadeiro e autêntico. Como sair da situação de impasse? E perceba que essa situação de impasse leva a um desgaste incrível de energia.

Sair do impasse implica escolher bancar-se, assumir a responsabilidade por si mesmo e pelas suas próprias necessidades emocionais, ou seja, bancar o preenchimento daquelas necessidades emocionais já mencionadas: valorização, atenção, carinho, aceitação, amor, consideração, só para citar as mais importantes. Tudo isso sem críticas ou cobranças descabidas. É o exercício da aceitação e apoio incondicionais. É o agir de acordo com o coração, de acordo com a sensação de bem.

Esclareço que o impasse é caracterizado por uma atitude fóbica que conduz à ação de evitação, que é basicamente evitar o contato com o que quer que seja, com o que sentimos, com o que precisamos, com o que queremos, enfim. Na maioria das vezes, as pessoas aprendem a ser craques em evitar coisas; por exemplo, evitam assumir um posicionamento, evitam opinar, evitam arriscar-se, para não dar vexame, afinal aprenderam a ter medo de ser e expressar o que são autenticamente; estão sendo o que aprenderam e agindo de acordo com o reforço que receberam. Todo mundo tem um caso conhecido daquela criança que é superelogiada porque ficou quietinha, porque se comportou, não deu trabalho, não chorou. O elogio é um reforço, o presentinho é um reforço, a atenção que tanto necessitávamos que nos fosse dada é um reforço, e recebemos muitos desses reforços para sermos mais ego do que essência.

Por outro lado, junto com o pacote de reforços para sermos mais egoicos e menos seres essenciais, ganhamos também o desenvolvimento das sensações de medos e de fobias; pois, por conta do medo imposto quanto a sermos mais genuínos, não nos arriscamos e não agimos, e, com isso, apesar de paradoxal, evitamos o sofrimento, especialmente o sofrimento da frustração. Para evitar a frustração, criamos a neurose do egoísmo. Nesse contexto, na maioria das vezes, as pessoas cresceram mimadas e pagando qualquer preço para não sofrerem; com isso, conservam-se imaturas, egoístas e continuam a manipular o mundo, em vez de encararem a realidade e se bancarem, ou seja, de se verem de forma objetiva, realista, a fim de poder expressar seu eu real. O mimo em questão consiste justamente em evitar a frustração de que o outro pode não gostar delas. Só que isto, o fato de alguém não gostar de outro alguém é muitíssimo normal, ninguém é obrigado a gostar de todo mundo, como não é possível agradar a todos. Embora, corriqueiramente, isso possa ser considerado absolutamente normal, em nossa formação ocorreu um desvio, uma informação completamente errada, por conta da qual o fato de alguém não nos aceitar ou aprovar, em vez de ser considerado normal ou livre-arbítrio, acabou sendo considerado como uma reprovação; e nós absorvemos que, se fôssemos reprovados, isso significaria que não éramos bons e que não tínhamos valor. Veja a incoerência dessa interpretação, mas, lamentavelmente, as pessoas acreditam nisso e carregam essa crença.

Lidar com a frustração real de que o outro não é obrigado a gostar de nós ou nos aprovar é de fato necessário, para sairmos do mimo e da situação de impasse e deixarmos de ser manipuladores. Entenda que o outro pode não gostar de mim ou de você e isso é direito dele, e nós continuamos sendo o que somos, pois meu valor, bem como o seu, não está nas mãos dele, eu não tenho que atender às suas expectativas e ele não tem que atender às minhas; você não tem que atender às expectativas dele e ele não tem que atender às suas, está claro? Esta é a principal questão na Gestalt-terapia e no processo de integração. Na maioria das vezes as pessoas entendem que isso é ser egoísta. Não é isso, por favor! O que a Gestalt-terapia prega e trabalha é o resgate da espontaneidade, da autenticidade. Você não tem que ser alguém que, de fato, não é; você não tem que expressar coisas que não sente; você não tem que fazer algo que não quer. Só que precisará de muita força e autoapoio para justamente ser autêntico e se deixar guiar pelo seu coração ou se sentir verdadeiro. Quando isso acontece, o que temos? Autorrespeito, que obviamente atrairá o respeito do meio que nos rodeia. Sem mimos, por favor! O outro não tem que gostar de mim ou me aprovar, porém, se eu me respeito, o outro com certeza me respeitará e eu farei valer o meu autorrespeito. Egoísmo na realidade é quando nos sacrificamos pelo outro e depois cobramos o que fizemos, ou quando manipulamos o outro através do agrado, justamente visando que ele faça o que queremos. Em contrapartida, a pessoa centrada e equilibrada vive e deixa o outro viver, ser como é, não exige, não reage, pelo contrário, age em função do seu sentir e motivação autêntica.

Bem, de qualquer forma, é isso o que acontece conosco. Essa é nossa neurose e num maior ou menor grau todos convivemos mais ou menos assim, até que tomemos consciência e queiramos mudar.

Como é difícil ultrapassar o impasse, não? Agora entenda que por trás do impasse resta uma camada muito interessante da neurose, **a camada da morte ou camada implosiva**. Esta quarta camada da neurose se mostra ou como morte ou como medo da morte. O ego literalmente está sempre com medo de não receber os reforços externos positivos, pois, se não recebê-los, corre o risco de desmoronar, como vimos anteriormente. Deriva daí o medo neurótico da morte, pois, se conhecêssemos nosso verdadeiro EU, e contássemos mais com nossos potenciais autênticos, jamais teríamos medo de desmoronar, porque nos sentiríamos autossustentáveis, teríamos o nosso próprio apoio incondicional.

Assim, é como se todos nós carregássemos a morte conosco, e essa morte significa aquilo que fomos impedidos de ser, o conteúdo dos códigos impostos de conduta. Pelo fato de termos uma natureza meio que enterrada e podada, geramos essa camada de morte; ela representa uma espécie de paralisia catatônica. Por conta de toda imposição, repressões e podas, nós necessariamente acabamos por nos contrair e reprimir tanto que chegamos a implodir, ou deprimir, ou colocar para baixo. No processo de integração, para que haja um autêntico resgate dessa parte implodida e deprimida, temos que nos colocar em contato com essa camada formada pelo sentimento de morte, ou seja, com a própria contenção e sentimentos reprimidos. Quando esse contato acontece de verdade, algo muito interessante ocorre: a implosão se torna uma explosão; é como se a vida e a energia que foram estagnadas ali precisassem escapar.

A **explosão** é a quinta camada na neurose, e é necessária para que o processo se dissolva. Então, o que acontece na explosão? A camada da morte volta à vida, a partir de uma explosão que nada mais é do que estabelecer o elo com a pessoa autêntica, que é capaz de sentir e expressar suas emoções. Se não entrarmos em contato com a energia acumulada nessa camada implosiva, não resgataremos os potenciais guardados nela, e, se não fizermos isso, continuaremos com os medos neuróticos, pois eles nos mostram potenciais que temos, mas que não estamos usando adequadamente. Isso significa o processo de autossustentabilidade, ou autossuporte, ou o bancar-se totalmente.

Somente como conclusão, e voltando à questão do impasse, perceba quanta energia retemos por não nos ampararmos e bancarmos, energia esta que está ao nosso dispor quando optamos em nos dar o apoio necessário para agir de forma mais autêntica. Assim, perceba que os medos na realidade retêm um quantum de energia que pode ser utilizado nas ações reais.

Existem basicamente quatro tipos de explosões da camada de morte ou implosiva. A explosão de dor, de pesar genuíno, por exemplo, quando trabalhamos com uma perda ou morte que não tenha sido assimilada; a explosão em orgasmo, em pessoas sexualmente bloqueadas; a explosão em raiva, que é a percepção real da firmeza e objetividade, e também a explosão em alegria, riso e alegria de viver. Estas explosões se ligam à personalidade autêntica, ao verdadeiro EU. Eventualmente, as explosões são moderadas, dependem do montante de energia que tenha sido investido na camada implosiva. Assim, essa progressão é necessária para que saiamos da neurose e para nos tornarmos autênticos. Perceba que a atitude fóbica básica real é ter medo de ser o que somos. E sentiremos um alívio imediato se nos atrevermos a investigar o que somos, podem apostar nisso!

Por mais estranho que possa parecer, é preciso entender que a maior parte da energia gasta no desempenho de papéis é simplesmente para controlar essas explosões, que, na realidade, significam a simples expressão dos sentimentos genuínos. A camada da morte contém o medo da morte, e chegamos a essa conclusão porque fomos levados a crer que, se explodíssemos, se nos expressássemos autenticamente, não poderíamos mais sobreviver, morreríamos, seríamos perseguidos, punidos, não seríamos mais amados, etc. Por conta disso, aprendemos a manter o jogo de ensaios e autotortura, e, assim, nos contemos e nos controlamos. O jogo de ensaios é justamente o processo da ansiedade, através da qual ficamos constantemente ensaiando com antecedência em nossa cabeça o que teremos de falar, o que teremos que fazer, o que teremos que evitar, como é que as coisas acontecerão, como se tivéssemos controle sobre tudo isso, e assim por diante. É o jogo intelectual que Perls denominava de *bull shit* (bosta de vaca). Com isso, ele queria dizer o quanto todo esse jogo demanda um acentuado desgaste de energia; e, o que é pior, não serve para nada, a não ser para dar a sensação de que se está preparado para o futuro, sensação essa que é totalmente falsa, porque, efetivamente, o que esse processo intelectual de ensaio gera é uma tremenda ansiedade negativa, com sérias consequências psicossomáticas. O fato é que aprendemos assim e recebemos reforço para isso. E para quê? Para sermos modelos de pessoas convenientes, regradas, certinhas, visando à aprovação e aceitação por alguém lá de fora, enfim, para nos sentirmos convenientes, aceitos e integrados a uma sociedade convencional.

"Viu que pessoa legal, como ela é boazinha, ela está sempre à disposição, é calma, enfim tão legal!"

No estado de neurose, é exatamente isso que a pessoa espera: que venha do outro o preenchimento de suas próprias necessidades de apreço, consideração e valorização. Quantas pessoas não se deliciam ao ouvir a afirmação acima, ao sentir que é isso o que os outros pensam delas, não é mesmo?

Agora eu peço a você que reflita no seguinte. Sem dúvida, é interessante ouvir isso, você se sente adequado e garantido, porém você se sente feliz ou realizado? Claro que não, certo? Perceba a sua frustração e insatisfação lá no seu âmago mais profundo. Concluímos então que a aprovação que os outros nos dão pelo nosso comportamento "legalzinho" realmente NÃO NOS FAZ SENTIR FELIZES OU SUPRIDOS, quando nos damos conta do quanto estamos presos e controlando a nossa própria natureza. Essa é a neurose da qual a maioria padece!

Para crescer, para confrontar os seus medos e sair dessa neurose, a fim de gerar um maior equilíbrio emocional e integridade, você precisa trabalhar certas responsabilidades e frustrações reais, que são:

- Ninguém vai fazer nada por você. O outro faz o que pode, sabe e quer, e isso não significa que é exatamente o que você precisa.
- É você mesmo que precisa atuar em prol de si. Só você sabe qual é a sua medida, apenas você sabe quais são as suas necessidades.
- Se você pode aceitar o outro como é, bem como seus limites, logo DEVE aceitar-se como é e o que sente.
- É necessário enfrentar as suas perdas que, aliás, não são perdas. Nós não temos pessoas, cada um é de si mesmo, assim, se alguém querido foi embora ou morreu, aceite isso, entenda que o outro não levou nenhum pedaço seu; se achar isso, você está numa ilusão. Se a perda é tão difícil, é porque você é dependente emocional dessa pessoa, você sente falta é do que ela fazia para você.
- Enquanto não confrontar os seus vazios interiores e preenchê-los a partir de uma atitude de responsabilidade por si mesmo, você não vai crescer e vai continuar com um número incrível de medos.

A Gestalt-terapia afirma que quando assumimos os nossos vazios interiores, descobrimos que o deserto começa a florescer. O vazio, o nada interior, na realidade é um espaço cheio de possibilidades, é um espaço promissor que só está esperando suas próprias ações voltadas ao seu preenchimento. O vazio estéril (neurótico, que eu quero que o outro preencha) torna-se o vazio fértil, ganha vida, é preenchido. Quando você se assume, percebe que é cheio de vazios férteis que estão aguardando ações preenchedoras. E é nesses espaços vazios que estão as nossas vontades e entusiasmos verdadeiros. Efetivamente, o espaço vazio representa o vazio de si mesmo. Quando começamos a nos assumir incondicionalmente, notamos que o que percebíamos como vazio guardava uma essência: nossos entusiasmos, vontades e potenciais, recalcados, sublimados e desconhecidos, porém todos ao nosso dispor.

Quando assumimos papéis, toda a nossa energia é canalizada para realizá-los. Somos o pai legal, a mãe exemplar, a filha boazinha, a mulher maravilha, o pai super-herói; toda a nossa energia e entusiasmo são direcionados para essa fantasia que tomamos por real, pois chegamos a nos confundir com os papéis que exercemos, sem perceber o quanto são pesados, desgastantes e, na maioria das vezes, absurdos e até impossíveis de serem efetivamente realizados. É o mesmo processo de quando alguém acha que tem de ser perfeito, nunca errar, sempre estar super bem-disposto etc. Quantas vezes representamos a pessoa bem-educada, sempre à disposição, para deixar o outro contente. Quando não estamos em contato com as nossas verdades e possibilidades reais, toda a nossa energia fica represada nos papéis fantasiosos e não chega aos nossos sentidos e aos nossos músculos. É como se a energia ficasse na cabeça, e o resto do corpo não é considerado. Dessa forma, nossa energia vital se concentra apenas nas partes da personalidade com as quais nos identificamos. A Gestalt-terapia afirma que atualmente existem muitas pessoas que se identificam quase que só com seu computador mental, porquanto pensam demais, elaboram demais, só que, sem o apoio de sua vitalidade, entusiasmo verdadeiro e de sua existência física, o intelecto acaba sendo mera masturbação mental. É o sujeito que intelectualiza sentimentos, justifica e quer explicar tudo, evitando o contato e o motivo verdadeiro em função do qual age dessa ou daquela forma. É o sujeito que não assume responsabilidade pelos seus atos, e os justifica como necessários porque a sociedade assim espera, porque o outro é culpado, e assim por diante. É claro que na realidade podemos exercer papéis; o importante, entretanto, é perceber que os estamos desempenhando e não confundirmos nosso ser total com os papéis em si. Posso ser uma profissional, uma mãe, mas não sou só a profissional ou a mãe. A cada momento, podemos perceber que estamos atuando, o que precisamos compreender é que não podemos nos manipular, achando que somos apenas esse papel. Na minha opinião, você pode manipular quem quer que seja, e é importante ter essa consciência, mas o que você não pode, terminantemente, é manipular a si mesmo e fingir ser o que não é, ou fingir ter um sentimento que não tem. Responsabilidade significa simplesmente dizer "eu sou quem eu sou". De fato, não é fácil crescer e abandonar o conceito e a fantasia de ser uma criança necessitada, que precisa ser amada e que tem medo de ser rejeitada. Porém, precisamos crescer, amadurecer emocionalmente, e assumir responsabilidade pelo que fazemos conosco. A vida empurra e cobra amadurecimento. Além do mais, quando não assumimos responsabilidades, ficamos à espera de algo ou alguém que nos banque e faça por nós; isso gera uma ansiedade terrível e a sensação de vazio aumenta.

Ainda sobre o desempenho de papéis, gostaria de fazer uma reflexão. As crianças quando brincam espontaneamente desempenham papéis. Por exemplo, quando brincam de "casinha", exercem o papel de mamães, ou são as "professoras", os "técnicos", e isso não costuma pesar, pelo contrário, é prazeroso, porque o papel em questão não embute a ideia de peso, de obrigação. A criança gosta de ajudar e vê nesse "trabalho" um prazer, bem diferente de quando se torna adulta, onde tudo se transforma em "ter de", com uma enorme lista de "deves e não deves". Uma criança que brinca de "dona de casa" não se sente inferior à que é a "doutora", mas, com certeza, esta criança, quando se torna adulta, sentir-se-á inferiorizada como dona de casa, em comparação à que é médica, não é mesmo? Assim, perceba que não é a coisa em si, mas o jogo de imposição e pressões que nos impomos com relação a um aspecto em particular. Esse é justamente o problema que reside na perda de espontaneidade e naturalidade. Na infância, brincar era gostoso, hoje trabalhar é entediante e chato, porque se torna uma obrigação, uma questão de ter que mostrar um determinado desempenho, justamente porque tendemos a colocar o nosso valor no resultado de nossas metas e não em nós, como seres individuais e que não têm obrigação nenhuma de provar nada a ninguém. Pelo menos isso seria o correto: valorizar o ser, o prazer de atuar e não condicionar o valor e reconhecimento à obrigação de ter que apresentar resultados que necessitam de aprovação externa. Assim, a reflexão aqui é que tentemos fazer opções nas quais possamos ter alegria, entusiasmo em realizá-las, sem a ideia de obrigação ou pressões impostas. Perceba o seu talento, aquilo que você adora fazer e que faria com o maior prazer, pois é exatamente isso que vai lhe trazer prosperidade. Às vezes, as pessoas buscam certas opções profissionais porque acham que elas prometem dinheiro rápido e fácil. O problema é que, se não gostarmos do que fazemos, haverá um cansaço gradativo, uma sensação de tédio, e o dinheiro ganho, com o tempo, não valerá tanto a pena. Reflita em conciliar o ganho com o prazer. Não é tão difícil se você entrar em contato com seu entusiasmo essencial. Do que você gosta? Do que lhe atrai? Reflita nisso!

Voltando à neurose, temos outro aspecto também interessante a observar — os jogos intelectuais que as pessoas geralmente fazem. Um deles é o **jogo da comparação**, o jogo do "mais que" — meu carro é maior que o seu, minha casa é melhor que a sua, e assim por diante. Isso serve para se ganhar autoconfiança e segurança quando se coloca valor nos bens materiais, na aparência ostensiva, querendo parecer superior. Porém esse jogo nada mais é do que a fuga do complexo internalizado de inferioridade. O jogo do "mais que" é uma manipulação do ego, como uma necessidade de autoafirmação. Trabalhei com várias pessoas que tinham uma necessidade grandiosa de ostentar roupas, sapatos, carros, bens, coisas de grifes famosas, sempre enfatizando o quanto pagavam caro por tudo isso; e não agiam assim porque valorizassem realmente seus bens, ou sentissem que eram merecedores deles, pelo contrário, agiam de tal forma para se exibir e parecer melhores do que os outros, com o intuito de desvalorizar os outros e atrair bajuladores que os fizessem sentir-se superiores. E todas elas tinham históricos de vida, e situações vivenciadas, a partir dos quais se sentiam extremamente inferiores e desvalorizadas, e acabaram criando mecanismos de fuga e compensação. E, é óbvio que, se existe o jogo intelectual do "mais que", é claro que existe o do "menos que". Se alguém se mostra superior, para esconder sua inferioridade, existe aquele que entra no jogo e se coloca como inferior, porque realmente se sente assim. É o jogo da comparação onde o sujeito se nivela sempre por baixo. A comparação é a neurose da inferioridade. E o inferior também espera que o superior cuide dele, pois é coitadinho. Uma coisa é certa, o sujeito realmente seguro é o que é, não se compara, não precisa de elogios ou bajulação, ele se supre e se basta, ele não tenta provar nada, ele é, age por conta do ser e isso é suficiente.

De qualquer forma, nada contra possuir muitos bens, nada contra o ter, o prazer, o conforto; o importante é não colocar o valor no ter, na condição de se sentir valorizado só quando tiver isso ou aquilo; o seu valor reside naquilo que você é, por natureza, no seu EU essencial; afinal, é interessante lembrar que quando morrermos não levaremos os nossos bens: eles são como um empréstimo da vida e ficarão aqui. O que levaremos são as nossas aquisições sutis, nossa sabedoria, os ganhos de consciência, bem como os valores e princípios internos, que nos fazem evoluir.

O real valor de uma pessoa não está no ter e sim no ser. Reflita sobre isso!

E o outro jogo neurótico é o **jogo da adaptação**. Nesse jogo, o indivíduo tende a olhar para a realidade e ver onde ela se encaixa ou se adapta às suas próprias teorias, hipóteses e fantasias sobre o como essa realidade deveria ser, ou tenta ajeitar a realidade ao modelo que tem em mente, quase sempre a arquitetura de um modelo religioso, político e/ou filosófico. O que realmente fica muito claro é que o neurótico não vê a realidade como ela é, e nem as pessoas como elas são. Outra modalidade neurótica de adaptação é passar a ser o que o neurótico acha que o outro é. Esse jogo é muito comum em mulheres, até mesmo por questões de formação. Exemplificando: uma mulher que quer arranjar um companheiro, e que também tem um medo enorme de ficar sozinha, porque é uma carente e dependente emocional; quando um homem se aproxima dela, o que ela faz? Ela tenta se adaptar ao que ele é, de acordo com a fantasia do que ela acha que esse homem espera dela. Esse comportamento gera uma ansiedade imensa e um desgaste de energia igualmente grande. E por quê? Porque, em primeiro lugar, ela cria fantasias a partir de "seus achismos" de como o sujeito é, sem ao menos conhecê-lo direito; depois porque se propõe a agir, vestir-se, opinar, enfim, ser o que ela acha que o sujeito espera que ela seja; faz de tudo para agradá-lo, viver para ele e seus caprichos; e o objetivo de tudo isso é buscar aceitação, valorização e a garantia de que ele a faça feliz. O que é deveras ruim nesse jogo de adaptação é que ela se anula completamente, quando tenta ser a pessoa que somente vive para atender às expectativas do homem. Se o candidato a marido também for um carente, ele, com certeza, adorará essa "demonstração de amor e importância" e facilmente se tornará um tirano, dominando completamente essa mulher, e, o que é pior, com o consentimento dela.

Como sempre digo, na realidade, a maioria dos relacionamentos é uma junção de neuroses, onde um nutre a neurose do outro, criando uma interdependência emocional. E quando alguém nesse relacionamento amadurecer e curar sua neurose, o que acontece? Se o outro não estiver pronto para também mudar, o relacionamento com certeza acabará, pois alguém nessa história não encontrará mais nutrição neurótica. Este tema foi descrito no livro *A essência do encontro*.

A realidade é que cada um é o que é, e não exatamente o que queríamos que fosse. Podemos ter opiniões, sem dúvida, de como as pessoas deveriam se comportar, mas precisamos assumir que, ao criarmos expectativas diferentes daquilo que uma pessoa realmente demonstra ser, nós mesmos nos frustramos porque não aceitamos a realidade do que ela é e criamos expectativas. Assim, não é o outro que nos frustra, mas sim nós mesmos.

O correto é aceitar a realidade como é e aceitar as pessoas como são; e, veja bem, aceitar não é comodismo ou passividade; aceitar é simplesmente perceber a impossibilidade de mudar alguém só porque queremos. Cada um é o que é, e mudará quando e se quiser, e essa mudança não depende de mim ou de você, pois não temos controle sobre ninguém. A aceitação é muito importante justamente para que você possa se questionar sobre o que realmente gostaria de fazer apesar de as coisas e pessoas serem como são. O ato de aceitar conduz à ação pura e genuína.

Assim, reiterando, note que para atingirmos a real condição de maturidade e equilíbrio emocional, precisamos perceber a realidade que existe independentemente do nosso controle ou fantasia, e que também não criamos. Cada um é como é por conta de seus próprios conteúdos emocionais. Alguém não age assim ou assado porque eu quero, mas do jeito que consegue agir segundo seus próprios parâmetros. Logo, faz parte do ponto de equilíbrio não criar muitas expectativas sobre ninguém. Podemos ter nossos ideais, porém devemos nos responsabilizar sobre o fato de serem nossos, e, assim, não podemos exigir que o outro compactue com isso. Ele é ele, e você é você, lembre-se disso! Não tente se adaptar a ninguém, isso é lesivo, pois contraria e anula sua natureza.

Expressei aqui os conceitos da Gestalt-terapia, e para corroborar essas opiniões, gostaria de transcrever abaixo um enunciado bastante interessante e pertinente ao assunto, transmitido pelo espírito Ermance Dufaux, no livro psicografado *Reforma íntima sem martírio*. Diz Ermance:

Hipocrisia é o hábito adquirido de aparentar o que não somos, em razão da necessidade da aprovação do grupo social em que convivemos, e também da necessidade de impressionarmos, tentando simular para nós mesmos uma imagem ideal daquilo que gostaríamos de ser. As vivências sociais humanas, com suas exigências materialistas, conduziram o homem à aprendizagem da hipocrisia. Viver distante da hipocrisia, necessariamente não significa expor a vida íntima e as lutas que carregamos a qualquer pessoa, mas expô-las antes de tudo a nós mesmos, assumindo o que sentimos, os desejos que nutrimos, os sonhos que ainda trazemos, os sentimentos que nos incendeiam de paixões, os pensamentos que nos consomem as horas, esforçando-nos por analisar nossas más condutas. Para criar desapego da imagem irreal que você criou de si mesmo, você deve: fazer as pazes com suas imperfeições; abandonar os estereótipos e aprender a se valorizar com respeito; descobrir sua singularidade e vivê-la com gratidão; ter coragem para descobrir seus desejos, tendências e sentimentos; exercitar a autoaceitação, através do perdão; dominar o perfeccionismo nutrindo a certeza de que ser falível não o torna inferior; valorizar afetivamente suas vitórias; descobrir suas qualidades, acreditar nelas e colocá-las a serviço das metas de crescimento. Na busca da autenticidade, sejamos nós mesmos e não nos sintamos menores ou errados por isso.

Muito lindo e profundo, não é mesmo? Reflita sobre isso também!

Projeções

À proporção que a luz aumenta, vemo-nos piores do que supúnhamos. Ficamos estupefatos com a nossa cegueira anterior... Mas não devemos ficar nem estupefatos nem perturbados... Não somos piores do que éramos, pelo contrário, somos melhores... apenas encontrávamo-nos num estado de presunção cega e de dureza, presa da ilusão sobre nós mesmos. Enquanto seguimos com a corrente, não temos consciência do seu curso rápido, mas quando começamos a represá-la, por pouco que seja, ela se faz sentir. Este contato resume o autoconhecimento.

— Fénelon

Outro aspecto importante que também precisamos entender e assumir são as projeções. É imperioso assumir responsabilidade sobre os conteúdos que projetamos, para nos reidentificarmos com essas projeções e resgatá-las. Na maioria de nossos medos estão contidas projeções de potenciais ou aspectos que são nossos e não os percebemos.

Projeções são conteúdos normalmente negados ou bloqueados, que acabam sendo percebidos fora de nós, em contextos externos, situações ou no comportamento de outras pessoas. Por conta de nossas neuroses, na maioria das vezes evitando a tomada de consciência, muitos conteúdos que nos pertencem, que fazem parte de nosso sistema emocional, acabam sendo dissociados, alienados e rejeitados. E são esses conteúdos que projetamos, e o processo serve para que tomemos consciência. O psiquiatra José Ângelo Gaiarsa diz que *nós não costumamos nos enxergar de fato, assim, nos vemos nos olhos e comportamento dos outros*. Esse é o mecanismo da projeção. Inclusive, podemos afirmar que quase tudo que acreditamos ver em outra pessoa ou no mundo não passa de uma projeção. Talvez isso lhe soe bastante absurdo, mas é simplesmente incrível o quanto projetamos, e como estamos alheios para o que realmente está acontecendo dentro de nós mesmos. Esclarecendo melhor, digamos que tudo o que incomoda demais, que você odeia ou admira com muita intensidade é uma projeção. Existem projeções negativas e positivas. Aquele aspecto que você odeia ver lá fora, um determinado comportamento que o irrita muito são suas projeções negativas. Peguemos, por exemplo, uma pessoa que se irrita muito ao pensar ou se defrontar com comportamentos de traição. Ela tem raiva daquele personagem da novela ou de um filme porque ele trai, tem muita raiva de uma conhecida porque a fulana trai, e imagina que ficaria totalmente fora de si se alguém a traísse. Conclusão: a traição é uma projeção de sua própria traição; essa pessoa se trai. O que significa isso? É claro que ela pode não ter o mesmo comportamento das pessoas que traem alguém, porém ela trai a si mesma, na maioria das vezes quando não segue o seu sentir, quando se sabota para agradar o outro e por aí vai. A autotraição é então vista lá fora, quando os outros agem assim. No momento em que esse processo for entendido e ela modificar suas atitudes, por meio da conscientização, os comportamentos de traição alheia não a incomodarão tanto. Alguém pode ter uma opinião a respeito de traição e isso é tranquilo, mas entenda que, quando tal comportamento de traição incomoda demais a ponto de o indivíduo quase ficar fora de si com as atitudes de traição do outro, é porque está projetando seus próprios conteúdos no outro. Assim também poderíamos citar sentimentos de raiva excessiva quanto a atitudes como mentira, dissimulação, falsidade etc. Podemos, é óbvio, ter opiniões sobre tudo o que nos rodeia e elas fazem parte de nossa maneira de ver o mundo. As opiniões não nos irritam ou incomodam, temos opiniões e isto está correto; em contrapartida, a projeção se caracteriza quando a questão excede à mera opinião e passa a ser uma defesa inflamada, uma grande irritação, um processo de descompensação, ou seja, reações intensas e não tranquilas, como no caso de uma simples opinião. Aquela reação exacerbada, aquela irritação excessiva quando alguém quer "destruir" o outro, por agir de uma determinada forma, isso é projeção negativa e precisa ser percebida, para que a pessoa tome consciência de como funciona e possa trabalhar melhor os seus sentimentos.

Existem certas situações que também podem incomodar excessivamente, como os casos de abandono de velhinhos, crianças ou animais. Essa perturbação exagerada pode representar a projeção de conteúdos de abandono do eu emocional de uma pessoa. O abandono é desagradável por si só, e é óbvio que tudo o que pudermos fazer para ajudar é muito bom e representa uma caridade louvável, porém reações exacerbadas frente a essas situações, como quando alguém não consegue dormir, ou comer, ou mesmo fica descompensada, ou acredita que "tem que" resolver o problema, não são normais. É sempre bom lembrar que existe uma lei de causa e efeito, e que não existe terminantemente uma injustiça divina. Tudo está certo, cada um está onde deve estar, e é óbvio que ajudar é importante, o que não se pode é assumir a responsabilidade de querer mudar quadros que estão bem além da capacidade de um indivíduo só. Por isso, são interessantes as ações sociais, os alertas, a união de pessoas, as ONGs etc., para ajudar nesses problemas. Novamente quero deixar bem claro que o excesso de incômodo é que representa a projeção de conteúdos individuais nessas situações.

Da mesma forma, existem as projeções positivas. Aquele ídolo, aquela pessoa que você adora e idolatra contém conteúdos seus, certos potenciais e virtudes que você mesmo não reconhece em si. Faça uma listinha dos aspectos que você admira nos seus ídolos e terá uma visão interessante de potenciais e virtudes que você está negando ou não reconhece em si mesmo. O mecanismo de paixão pode estar muito ligado a essas projeções positivas. A gente pode se amar ou admirar no outro, sem a consciência de que no mecanismo de paixão é como se estivéssemos querendo retomar para nós mesmos o que admiramos no outro, daí a atitude apaixonada de certas pessoas de não quererem largar ou perder de vista o objeto da paixão. Sabe quando a paixão acaba? Quando você resgata e consegue perceber em si mesmo o que ama no outro. O que sobrar, se sobrar, provavelmente é o sentimento verdadeiro de respeito e amor. Amar verdadeiramente não dói, em contrapartida, a paixão incomoda muito e a pessoa sofre antes, durante e depois desse processo. Por isso, trabalhar com nossas projeções pode ser bastante interessante.

Assim, o ato de assumir nossos sentimentos e a compreensão de nossas projeções é muito importante no processo de autoconhecimento, a fim de gerar equilíbrio emocional. Podemos reassimilar, recuperar nossos conteúdos projetados quando nos percebemos melhor, e isso é particularmente importante com relação aos nossos medos neuróticos. Podemos ter ou desenvolver um medo por algo, ou por alguma situação, por pessoas, objetos, animais, e na realidade isso pode significar que o aspecto que nos amedronta contém um jeito de ser que é nosso, mas que não consideramos ou assumimos. Muitas das coisas que tememos podem embutir a projeção de potenciais que são negados em nós mesmos, que não são reconhecidos ou até mesmo usados de forma indevida.

Falaremos sobre esse mecanismo em capítulo à parte, e você entenderá melhor esse processo. Entretanto, apenas para exemplificar, peguemos uma pessoa com medo de um animal, digamos um macaco. Existe na Gestalt-terapia um exercício bastante interessante para o resgate de potenciais projetados, que é o de emprestar uma voz ao objeto do medo. Nesse exercício, peço ao cliente que dê uma voz para o macaco e imagine o que ele diria de si mesmo. Digamos que o macaco expresse mais ou menos o seguinte "Eu sou um macaco, e sou desinibido, alegre, xereta, e não dou a mínima para o que pensam de mim, só faço o que eu quero". Então, peço ao cliente que repita exatamente o que o macaco disse, como se estivesse falando de si mesmo. Ou seja, a partir disso, ele tem condições de perceber que o macaco está lhe mostrando características que ele tem, porém não reconhece; esse exercício de integração abre espaço para a pessoa perceber o quanto não se permite expressar verdadeiramente. A partir daí, posso trabalhar com esse indivíduo os mecanismos de repressão de seus potenciais, bem como as raízes de suas crenças negativas etc. Quando ele tomar consciência de suas repressões, resgatará os potenciais projetados no macaco e, com certeza, seu medo será resolvido.

Possíveis causas dos medos

O próprio esforço para "tornar-se" é uma barreira — pois você já leva o seu ser em si mesmo.
Você não precisa tornar-se nada — mas simplesmente perceber quem você é, e basta.
Simplesmente perceber quem está oculto dentro de você.

— Osho

Os medos podem ter várias causas, tais como:

- **Experiências traumáticas vivenciadas em algum período da vida,** como na infância, e os perigos reais são uma das raízes do medos.

  Citemos alguns exemplos: uma criança que cai de uma altura significativa pode desenvolver medo de subir em escadas, árvores, porque tem o trauma vivenciado em seu subconsciente. É preciso entender que a cada situação traumática ou lesiva que sofremos, nosso organismo registra e obviamente desencadeia a sensação de um certo medo, mediante a lembrança da situação traumática. Digamos que uma pessoa tenha batido seu carro num determinado ponto de uma estrada; cada vez que ela passar por esse lugar, tenderá a se lembrar do ocorrido e, com certeza, diminuirá a marcha, sentirá a necessidade de tomar mais cuidado e redobrará sua atenção. Assim percebemos que nosso organismo utiliza o medo como um sentido de alerta, e, certamente, com receio de que a situação se repita, a pessoa em questão dirigirá com bastante precaução.

  Outro exemplo: uma criança que é mordida por um cachorro. Nesse momento de sua infância, o animal pode lhe parecer enorme, e com certeza ela sente uma sensação de impotência e perigo diante da situação, e nesse contexto traumático cria o medo de cachorro. Um caso interessante foi o de uma cliente que tinha um medo enorme de lagartixa. Ao trabalhar com ela as sensações por conta desse medo, ela acessou um fato de sua infância, quando, com um ano e três meses de idade, uma lagartixa caiu em cima dela e acabou entrando em suas roupas. Após essa lembrança, o medo desapareceu pois ela compreendeu a sua origem, e percebeu que a lagartixa lhe pareceu muito grande e invasiva, justamente porque ela era bem pequena; ela percebeu também que cresceu, hoje é adulta e que a lagartixa é relativamente bem menor do que a percepção que ela tinha na época. Exemplos como esses nos falam de situações reais vivenciadas, que são as causas do medo. É claro que essas vivências, à medida que são relembradas e ressignificadas, levam à eliminação dos medos relativos a elas.

- **Crenças, superstições e informações erradas que foram inculcadas, principalmente na infância,** pela família e pela sociedade acabam gerando muitos medos. Um exemplo disso é quando a mãe ou alguém próximo diz à criança: "Cuidado com o gato, ou o cachorro, eles vão te morder/comer".

  Colocações desse tipo fazem um mal enorme. Numa situação dessas a mãe poderia ter dito à criança para tomar cuidado, afinal ela não conhece aquele animal, o que não pode é generalizar e afirmar que o tal animal pode mordê-la ou comê-la. Você já deve ter ouvido algo semelhante, não é mesmo?

  Em vez de explicar a noção de preservação, ou seja, a necessidade de tomar cuidado, essa mãe passa uma informação falsa e generalizada. Em vez de transmitir noções de confiança através da atenção, ela transmite apenas medo, e é claro que isso fica inculcado no subconsciente da criança. Existem muitas afirmações que todos ouvimos em nossa infância e que eventualmente têm algum conteúdo relativo à nossa segurança, mas que são superstições que uma hora ou outra devem ser questionadas. Sou da opinião que precisamos questionar as informações que recebemos, devemos pesquisar para saber o fundamento e abandonar as superstições que são um verdadeiro atraso na vida.

Já atendi muitas pessoas e casos em que foi necessário desfazer crenças e ideias supersticiosas sem nenhum fundamento, e que atrapalhavam e muito a qualidade de vida dessas pessoas. Enfim, questionar e pesquisar, obter informações claras sobre os fatos é o caminho para se livrar de muitos medos. Quando pequena, eu tinha uma vizinha que tinha muito medo de temporais. Como minha mãe trabalhava e eu ficava sozinha, a tal vizinha, toda vez que chovia, me chamava e dizia: "Lourdinha, venha ficar comigo, porque você tem medo de chuva". Ora, quem tinha medo era ela, eu nunca tive medo de chuva, e me lembro de que ela jogava pedaços de madeira queimada na fogueira das festas juninas, pois acreditava que eles tinham o poder de fazer a chuva parar. Percebam a superstição. Ligado a isso, ela também colocava lençóis nos espelhos, pois acreditava que isso acalmava os raios. Quanta bobagem, não? O fato é que essas eram as superstições e crenças dela, e que provavelmente foram transmitidas aos seus filhos e netos. Aposto que você, leitor, também tem alguma história para contar sobre superstições que ouviu e deu importância, e que eventualmente ainda carrega, não é mesmo? Se assim for, sugiro que reflita, pesquise, informe-se para retificar tudo isso e optar pela verdade, e, assim, livrar-se de alguns de seus medos.

Outra fonte de medos são conversas familiares e certas histórias sobre fantasmas, bicho-papão e também alguns tipos de filmes de terror que incutem exatamente isso: terror. Se todo esse conteúdo não for questionado mais tarde, sem dúvida pode ficar no subconsciente de uma criança, e ela carregará certos medos, como o de ficar sozinho, de escuro, de espíritos, medos estes que podem ser esclarecidos através de pesquisas e boa leitura.

- **Experiências subjetivas desde a formação como feto**, durante a vida intrauterina, momento em que podem ter sido registradas sensações difusas ligadas a fatos ou eventos acontecidos nessa fase. Ou situações relativas ao nascimento. Já trabalhei com pessoas que apresentavam medo a determinadas situações. Exemplo disso foi o caso de uma cliente que sentia medo e desconforto com água no rosto. Ela nunca colocava seu rosto embaixo da água do chuveiro e nunca mergulhou por causa desse medo. Num exercício de regressão, ela vivenciou que durante o seu nascimento o líquido amniótico teria jorrado em sua face, com a sensação resultante de afogamento. A percepção desse fato explicou seu medo, e, a partir daí, não teve mais problemas com água no rosto. Foi muito importante perceber também que apesar do trauma do nascimento, ela realmente não se afogou, daí a importante conclusão: água no rosto não mata. Pode parecer meio boba essa conclusão, mas para a pessoa em questão foi vital. Todavia, é importante esclarecer que, para trabalhar um medo, não é totalmente necessária uma regressão — esta vem como última alternativa, pois há inúmeras técnicas com as quais se pode lidar com os medos, como veremos em capítulo específico.

- **Pensamentos ansiosos e fóbicos ou fantasiosos**, não relacionados a eventos específicos, mas a fantasias do "poderia ser"; são os clássicos pensamentos catastróficos, quando a pessoa vive em sua mente aspectos amedrontadores que ela mesma cria. Exemplo: diante da ideia de uma viagem, uma pessoa começa a pensar em tudo que de terrível pode acontecer, tal como furar, não um, mas dois ou três pneus do carro num local ermo e não encontrar ninguém para ajudar, ser assaltada, bater o carro etc. Pensamentos tão catastróficos e sem controle como esses irão gerar um medo tão grande que vão trazer como consequência uma paralisação, e a pessoa não fará a tal viagem, com certeza. Assim, precisamos tomar cuidado com a linha catastrófica e amedrontadora que colocamos em nossa mente. É bom levar em conta que todos os receios dessa pessoa podem de fato acontecer, mas também podem não acontecer. Em vez de considerar todas as possibilidades (tanto as positivas quanto as negativas) ao focar somente as negativas, o resultado será um medo muito maior que muito provavelmente levará à paralisação, ou seja, a não concretização da ideia. O ideal é que sejamos realistas. Diante das ideias de medo acima citadas, a pessoa deveria se ocupar com as condições do carro, e se apoiar na sua vontade de viajar. E correr o risco, afinal, será que não haveria uma frustração maior em se deixar levar somente pelos medos? Perceba também que a mesma energia que você gasta em fantasiar todas as possíveis catástrofes que podem acontecer, você também pode usar em expectativas positivas. Enfim, como sempre digo, é melhor não se fixar em expectativas nem positivas nem negativas, e sim no aqui e agora da ação. Lembre-se que, em vez de se preocupar, ocupar-se é bem mais produtivo; a ação gera resultados palpáveis, o que não ocorre perante as preocupações, que só geram uma tremenda ansiedade negativa, por conta dos medos embutidos na negatividade.

- **Falta de autoconfiança, insegurança quanto a talentos e potenciais para enfrentar situações da vida** — é a clássica sensação de *"eu não vou conseguir fazer isto"*, sem eventualmente sequer tentar. Há muitas pessoas que sofrem disso, geralmente porque foram superprotegidas em sua educação ou porque foram muito criticadas, muito exigidas por pais autoritários ou austeros. Tais situações com certeza geram pessoas extremamente inseguras, que não decidem ou agem porque temem arriscar-se, por medo de errar e por temor às críticas que acham que receberão. A percepção interna dessas pessoas é de que são "erros ambulantes", "porcarias" e "realmente inferiores". Pessoas assim precisam treinar autossegurança, que nada mais é do que aprender a "segurar-se" em si mesmas, naquilo que sentem. É um trabalho, mas, com certeza, é perfeitamente possível treinar a confiança em si, confrontando as imposições de uma educação superprotetora ou exigente demais. Diferentemente do que se considera ter autoconfiança, não significa nunca errar, ou sempre saber tudo, ou ainda sempre ter opiniões magníficas sobre o mundo, ou ser sempre bem-sucedido. Não é nada disso, autoconfiança é ter fé em si mesmo, no seu potencial de agir, coerentemente, de acordo com as necessidades e o aqui e agora de cada momento da vida. Autossegurança é quando nos seguramos no nosso sentir, em nossa vontade e entusiasmo verdadeiro. Ser bem-sucedido faz parte do resultado de uma ação. Se não criássemos tantas expectativas sobre nossos desempenhos, seríamos sempre bem-sucedidos, ou seja, sempre teríamos um resultado que deveria ser valorizado, já que, como foi dito anteriormente, ninguém é tão imbecil a ponto de errar propositalmente. Provavelmente, a maioria das pessoas que se sentem inseguras recebeu esse falso conceito perfeccionista devido a certas circunstâncias, nas quais não lhes foi passada a percepção de sua real capacidade de fazer coisas ou alcançar metas. E, assim, sentem-se frágeis, impotentes, incapazes de andar por si mesmas. Sintomas como fragilidade, impotência e incapacidade servem simplesmente para lembrar que os potenciais de força, capacidade e sensibilidade não estão sendo usados de maneira adequada. O ideal é que essas pessoas aprendam a se perceber melhor, a depender de si mesmas e a confiar no seu direcionamento interior.

Outro fator importante que alimenta a insegurança é o desconhecimento da natureza essencial presente em cada um de nós, de nosso real estado divino, que nos proporciona potenciais, habilidades e, sobretudo, uma força mental que pode ser colocada ao nosso dispor para realizarmos o que quisermos. Assim, para que nos sintamos mais autoconfiantes, é importante reconhecer a força atualizadora da natureza dentro de nós. Nossos sentidos físicos, bem como nossa intuição, estão sempre presentes, nos indicando como nos sentimos, e nos propiciando ideias de como proceder ao nosso favor. Se prestássemos mais atenção a esses indicativos, com certeza, seríamos mais autoconfiantes naturalmente. Este tema foi amplamente desenvolvido no livro *Ansiedade sob controle*.

- **Arquétipos** — segundo Carl Gustav Jung, "os arquétipos são resíduos arcaicos, imagens primordiais ou tendências instintivas, fundamentadas no sistema instintivo, pré-formado e sempre ativo, característico do homem; formas de pensamento, gestos de compreensão universal e inúmeras atitudes seguem um esquema estabelecido muito antes de o homem ter desenvolvido uma consciência reflexiva. São formas mentais cuja presença não encontra explicação alguma na vida do indivíduo e que parecem, antes, formas primitivas e inatas, representando uma herança do espírito humano. São imagens mitológicas presentes no inconsciente coletivo, como a do herói, do monstro, da destruição e regeneração, das catástrofes naturais, dos anjos, dos demônios, das danças pagãs, do feiticeiro, das fadas, do céu e do inferno etc. Os medos arquetípicos são aqueles ligados ao inconsciente coletivo; são os medos que a humanidade já teve e que são considerados naturais, como os sentidos perante situações novas, coisas que desconhecemos ou sobre as quais não temos muita informação. O medo de morrer também é arquetípico, ou seja, comum à humanidade. Podemos perceber, então, que o fato de ter medo está realmente ligado ao aspecto de autopreservação e preservação da vida. A título de observação, o medo de morrer também pode ser bastante neurótico e falaremos sobre ele mais adiante.

- **Sobre experiências de vivências passadas**, acredito que algumas pessoas possam trazer um pacote de crenças por contas de suas vivências passadas, que as influenciam, gerando nelas certos medos. Em geral, vivências nas quais a nossa natureza foi sublimada e podada geram medos, como foi explicado no capítulo "Medos e neurose". Sem dúvida, a importância do autoconhecimento que propicia a maior percepção de si mesmo, dos seus sentimentos, intuições e potenciais reais. Todavia, quando falamos de experiências de supostas vidas passadas, o fato é que nem todas as pessoas têm acesso a reminiscências espontâneas, comuns em alguns indivíduos. O que fazer então? Particularmente penso que os nossos medos devem ser trabalhados aqui e agora, na vida atual, mesmo porque a nossa vida atual é uma síntese do que precisamos resgatar, entender e superar. Lembre-se que ninguém é vítima! Prefiro trabalhar com técnicas de relaxamento e alfagenia, sem escarafunchar vidas passadas, mas deixando que a mente profunda mostre o que precisa ser mostrado, no que se refere às origens de certos medos. Se nada acontecer, ou seja, nada for relembrado num processo desses, é porque não é realmente necessário tomar conhecimento de fatos anteriores. Vamos trabalhar com os conteúdos no aqui e agora, o que é perfeitamente possível. Elucidando, cito aqui um caso interessante. Uma cliente apresentava um medo muito intenso de que seu irmão mais novo morresse. Ela devotava a ele um cuidado excessivo, protegendo-o em demasia, e tinha consciência do quanto isso pesava para ela e era prejudicial a ele. Num processo de alfagenia, essa pessoa visualizou um fato interessante de uma suposta vida passada. Viu-se num penhasco junto com um sujeito que sabia ser o seu irmão atual, e, por um descuido de sua parte, ele caiu no precipício. Ela se sentiu muito culpada, e inconscientemente prometeu a si mesma que, se houvesse outra chance de estarem juntos, ela tomaria conta dele, nem que isso lhe custasse a vida. Lembrada a causa, cessado o efeito. O mais importante, entretanto, nem foi o fato de ter se lembrado desse episódio, mas sim o de compreender-se e perdoar-se ao entender que ninguém tem o controle da vida de ninguém. Cada um tem a hora certa para morrer. E ela, apesar de achar que foi a culpada pela morte do irmão, pôde perceber o quanto se julgou severamente. O autoperdão foi o mais importante.

Precisamos entender um pouco mais esses decretos que fazemos em outras vidas ou num período intermissivo. Período intermissivo é o período entre vidas quando, eventualmente, podemos nos perceber tão arrependidos por coisas que fizemos ou desencadeamos que nos propomos a consertar em uma vida futura. O fato é que nesse momento podemos nos julgar de maneira tão severa e nos sentirmos tão culpados, que achamos que a única maneira de resolver esses assuntos anteriores é através do sofrimento. Ora, a espiritualidade tem nos explicado que o sofrimento não é realmente necessário para nos redimir de nada; é fato que precisamos consertar o que fizemos, porém, importante mesmo é tomar consciência de cada ato, e até poder resolver e limpar o que fizemos através de atitudes de amor autêntico, aceitação incondicional, altruísmo, paciência e tolerância. Entender isso é muito importante, até para resolvermos processos cármicos de nossa vida atual, sem sermos dramáticos ou simplesmente sofredores, achando que, com isso, estamos crescendo ou evoluindo. Não necessariamente! Outro caso interessante foi o de uma moça com queixa de obesidade. Num processo de relaxamento alfagênico, ela viu-se como refém, no que parecia ser um campo de concentração, na Segunda Guerra Mundial; viu-se muito magra e com muita fome, e sentiu-se arrependida por não ter comido o quanto podia quando tinha comida e podia se alimentar muito bem, em momentos anteriores a esse. Lembrou de si mesma como uma pessoa cheia de frescuras para comer, como se nada fosse bom, e arrependeu-se amargamente quando se viu passando fome, tendo rejeitado comida quando a tinha em abundância. Sentiu que fez um decreto do tipo: "Nunca mais vou passar fome, e vou comer tudo o que puder para não me arrepender novamente". Trazer esses fatos à consciência e entender esse decreto foram vitais para essa cliente, pois pôde ressignificar esse conteúdo, permitindo-se perceber o que precisava comer realmente, nem muito nem pouco, mas o necessário que lhe causasse bem-estar. Novamente aqui vemos um aspecto que já citei várias vezes: quando temos um comportamento que nos traz bem-estar é porque ele faz parte de nossa natureza verdadeira. O contrário significa comportamento aprendido, introjetado pela educação repressora que tivemos ou decretos como esse de vidas passadas, por questões de arrependimento, e que, obviamente, não foram essenciais, e sim egoicos. No que se refere aos medos em crianças, e que, pelo pouco tempo de encarne, apresentam prováveis conteúdos de vidas passadas, a melhor maneira é conversar com sua alma. Como é isso? Quando a criança estiver dormindo, de preferência bem aconchegada no colo, conversar com ela dizendo mais ou menos assim: "Saiba que você é muito amada, muito querida mesmo, e muito bem-vinda. Nós a amamos, nós a aceitamos como é, e pedimos que esqueça todo evento mal resolvido de sua vida anterior, queremos que viva, aqui e agora da melhor maneira; perdoe-se, esqueça e esteja inteira aqui e agora; nós vamos apoiá-la e amá-la... etc..." O importante é que a fala seja amorosa, autêntica e que transmita aceitação incondicional. Resolvi medos espontâneos de barulhos, como bombas, trovões e medo de plantas que o meu filho apresentava quando bem pequeno dessa forma. Só para reiterar, é importante entender que podemos trabalhar as sensações do medo sem necessariamente ter que efetuar uma regressão.

- **Falta de informação e conhecimento sobre determinados fatos e circunstâncias** — de fato, a compreensão, o conhecimento que podemos buscar sobre fatos, situações e aspectos que não conhecemos ou entendemos trarão luz e consciência, e isso fará com que certos medos sejam resolvidos. Quantas pessoas, por exemplo, morrem de medo de contrair o vírus da Aids, ou mesmo da hepatite. Quando tomam conhecimento das maneiras pelas quais o vírus é transmitido e de como acontece o contágio, elas relaxam e o medo é resolvido. Idem no que se refere à gravidez; pode parecer que temos informações suficientes a esse respeito, mas podem apostar que nem todas as pessoas possuem o conhecimento suficiente sobre esses assuntos. Assim, informar-se, pesquisar o que ainda não conhecemos é um mecanismo bastante interessante para trabalhar certos medos.

- **Medos infundados** — são aqueles que vêm da imaginação, quando assistimos a filmes de terror, ouvimos ou lemos histórias fantásticas. A pessoa pode se imaginar dentro da cena do filme ou livro e sentir medo. São medos situacionais e fáceis de serem resolvidos, se refletirmos no caráter ilusório e irreal de uma obra de ficção originada na mente do autor. Podemos afirmar novamente que, à medida que obtemos a informação adequada, determinados medos que venham da falta de conhecimento ou informação são resolvidos.
- **Medos exagerados, neuróticos** — aqueles que causam sensação de alarme e inquietude, timidez, angústia ou pânico. São os medos ou fobias que têm como pano de fundo situações psicoemocionais, que, para serem resolvidos, precisam de uma análise específica através do processo de autoconhecimento e de reflexão sobre as crenças que foram introjetadas, normalmente na infância, com o objetivo defensivo e inconsciente de evitar o medo do abandono e o consequente medo da morte.

Considerações gerais sobre os medos

Ação e reação. Tudo está intrinsicamente ligado. Tudo se conecta o tempo todo.

E assim, sucessivamente, passam os anos sem que o ser humano conheça a si mesmo. Somos, certamente, o maior amor das nossas vidas! Assim como o nosso maior inimigo é aquele que está oculto e que habita, inexoravelmente, no interior de nós mesmos.

— *Maurício Santini*

Com certeza, os medos são muito particulares e não podem ser generalizados. Por exemplo, há pessoas que têm muito medo de água; no entanto existem outras que, mesmo sem saber nadar, não têm medo. Algumas passaram por situações de perigo real, como um quase afogamento, o que gerou o medo. E há pessoas que mesmo tendo passado por um trauma desses não têm um medo atual de água. Precisamente por essa particularidade é que cada medo precisa ser analisado com cautela. Porém, podemos afirmar que a maioria dos medos neuróticos representa a repressão de um potencial ou do entusiasmo de uma determinada pessoa. Normalmente, a coisa de que se tem medo mostra potenciais e capacidades que o indivíduo em questão está negando em si mesmo.

É comum que os potenciais negados em nós sejam transferidos para coisas, situações, animais. O medo, então, é um mecanismo para que possamos perceber e resgatar esses potenciais negados. É interessante perceber que o medo exerce fascínio e atração, e, no fundo, a pessoa acaba sempre lidando ou atraindo novamente coisas ou situações de que tem medo, para que possa se perceber através deles. Já ouvi vários depoimentos de pessoas com medo de insetos, como baratas e lagartixas, que, onde quer que vão, encontram sempre um desses bichinhos no ambiente. Isso, sem dúvida, é percepção seletiva, desencadeada pelo próprio medo.

Outro aspecto interessante sobre os medos é que eles não são do futuro. Como o futuro ainda não existe, todo medo do futuro é uma projeção de medos atuais, com os quais a pessoa já convive. E, mais ainda, todo medo do futuro, que na realidade é atual, só é um reflexo das posturas que a pessoa tem tido consigo mesma.

Citemos como exemplo uma cliente que tinha muito medo de se separar do marido. O que ela mais temia na separação era a ideia da solidão. Analisando sua vida, percebemos que ela já convivia com essa solidão, porque dava conta sozinha de uma série de coisas. Ela já se sentia muito só, mesmo estando casada, e essa solidão lhe causava uma sensação muito terrível, justamente por refletir a enorme distância que ela estava de si mesma; comportamento esse que alimentou ao longo do tempo, sempre achando que tinha de priorizar as necessidades dos outros em detrimento das suas. Trazia uma crença de que fazer por si era errado, precisava agradar e bancar a vontade dos outros, esperando receber deles aceitação e valorização. O problema é que, com uma crença dessas, ela criou um afastamento de si mesma, uma espécie de abandono, não se considerando e às suas próprias necessidades. Passou por cima de si mesma e criou uma solidão interna. O somatório dessas atitudes é que gerou o medo da solidão. Basicamente, ela usou seus potenciais para os outros e não para si mesma. Por agir assim, apareceu o medo da solidão, que ela projetava para o futuro, e que só existia na sua mente porque já estava presente em sua vida, com o seu comportamento de autonegação.

Assim, vemos que o medo é geralmente uma inversão e uma projeção. Você não vai sentir o medo só se acontecer isso ou aquilo. Perceba que vai sentir o medo porque já convive com ele, você é responsável por tê-lo criado no seu momento atual e, é claro, por tê-lo alimentado por todo o tempo em que vem agindo da mesma forma. E se você já tem alguma consciência de um comportamento melhor e ainda não mudou, o medo aparece e cresce, justamente para que você possa perceber e se dar conta do que vem fazendo consigo mesmo. Entenda que esse medo só existe com a finalidade de lhe mostrar exatamente isso: o que você faz, como usa ou não seus potenciais, e como se boicota justamente em função dessa maneira de proceder.

Tomemos outro exemplo, como o medo do desconhecido ou de uma situação nova. Este medo normalmente denota a dificuldade que a pessoa tem de não querer ver o que já está acontecendo no aqui e agora, porque nós projetamos para o futuro o que já acontece no presente, ou o que sempre aconteceu em nossa vida, sem que quiséssemos nos conscientizar disso. Devemos perceber que a energia que gastamos em nos segurar em uma situação é a mesma que gastaríamos se nos arriscássemos em uma situação nova. É claro que é muito normal sentirmos receio ou ansiedade perante o desconhecido ou situações novas. Acontece que, se pararmos para refletir, desde que nascemos vivenciamos situações totalmente novas, uma vez que um dia nunca se repete. Achamos que as coisas são rotineiras quando, na realidade, cada dia é único e você é uma pessoa diferente toda vez que acorda de manhã. Assim, quando surge o medo ou a ansiedade perante uma situação de maior risco, essas sensações são absolutamente normais e preservadoras porque lhe impõem um cuidado, a necessidade de um planejamento específico, e isso é a atuação da natureza em você, preservando sua integridade. O medo neurótico perante o desconhecido ou uma situação nova só aparece quando projetamos o medo do risco que correremos em nos expor. E aí deliramos e fantasiamos: "Como é que vai ser?"; "E se não der certo?"; "E se alguém não gostar?"; "E se eu fracassar?". Outro pensamento catastrófico embute os medos de que certos fracassos do passado se repitam no futuro. Perceba que são esses pensamentos que geram a ansiedade e o medo perante o novo. Lembre-se do que já foi mencionado anteriormente: tudo o que pensamos reflete em nosso corpo. Nesse caso, devemos então analisar que o medo de se expor, o medo de correr riscos, e, consequentemente, o medo de falhar, é resultado, na maioria das vezes, do maior medo emocional não conscientizado: o medo do abandono e da morte. De modo subliminar aos seus pensamentos, o indivíduo tem a sensação de que, se falhar, se for criticado, há o risco de ser abandonado e de talvez até morrer. E, para evitar isso, a pessoa desenvolve o medo do desconhecido. Esse medo está aí justamente para fazê-la perceber os seus potenciais constantes para viver e enfrentar o novo, a cada dia, mas que ela esquece que tem. Outro aspecto importante no qual devemos refletir é que o passado não tem existência real, reside apenas na nossa mente; somos diferentes daquela pessoa de um momento já vivido, e, portanto, devemos ficar no aqui e agora, com a consciência de que nenhum dia se repete.

Outrossim, uma questão interessante sobre os medos é que geralmente o que tememos nos causa fascínio, atração, chamando a nossa atenção, justamente porque o nosso potencial reprimido está lá, embutido no medo. Às vezes, as coisas que mais tememos são aquelas que, no fundo, gostaríamos que acontecessem, justamente pela forma de nos comportarmos e de como encaramos as situações na vida.

Para elucidar esse aspecto dos medos, quero citar como exemplo o caso de uma mulher, casada, com dois filhos, e com um medo muito grande de que os filhos morram. Esta pode ser uma interpretação pesada, porém, na realidade, ela gostaria de perder os filhos. Ela não deseja exatamente que eles morram, porém o medo pela morte deles traduz sua vontade interior inconsciente. Deixe-me explicar: o fato é que essa mulher coloca sobre si um fardo muito pesado, a ideia da responsabilidade absoluta sobre os filhos, porque acredita que é sua obrigação não só cuidar deles, mas controlar tudo de tal forma para que nada lhes aconteça, para que eles sejam absolutamente felizes, deem certo na vida, não sofram etc. Essa cobrança de achar que tem de ser "supermãe" é muito pesada, no sentido de que ela não reconhece seus limites reais nem leva em consideração o fato de que os filhos não são sua propriedade, e sim da vida. Essa mãe deveria pensar que os filhos vêm para a vida com seu próprio propósito, e ela apenas propiciou que eles encarnassem. Uma mãe nunca poderá controlar todos os acontecimentos da vida de seus filhos, nem poupá-los do que tiverem que passar para amadurecer. O que ela deveria ponderar é em fazer e dar o seu melhor para os filhos; se pensasse em ser a melhor mãe que ela pode ser, do seu jeito natural, os filhos são seriam pesados para ela. O medo excessivo de perdê-los reflete não só o peso que ela carrega, confundindo o que é sua responsabilidade como mãe, mas também o fato real de que os filhos não são sua propriedade exclusiva. O seu medo também traduz a necessidade de trabalhar a própria solidão, o vazio interno. Em vez de tomar boas atitudes para si mesma, ela busca se preencher com os filhos, vivendo para eles e em função deles, sem perceber que um dia, naturalmente, a vida os afastará e ela terá que se confrontar com seu vazio.

Em casos como este, se a mãe não trabalhar esse apego e as cobranças pesadas, terá que conviver com um processo de autotortura, que se estenderá até que desenvolva uma profunda depressão, desencadeada quando os filhos saírem de casa e que chamamos de síndrome do ninho vazio. Veja por quanto tempo as sensações de angústia ficam presentes dentro de uma pessoa com essas características controladoras, com o objetivo de informar sobre suas atitudes neuróticas.

Através desse exemplo, podemos perceber como os nossos medos nos mostram pontos que precisamos trabalhar dentro de nós mesmos. O medo de perder pessoas que nos são caras nos mostra a dependência emocional que temos delas. É como se elas fossem parte de nós, e a ideia de perdê-las amedronta porque é como se uma parte de nós fosse se perder. Entenda que a ideia de dependência é real quando somos nenês, depois ela é apenas uma grande ilusão que criamos dentro de nós. O outro não é você e ele não contém parte nenhuma sua, e nem você contém alguma parte do outro dentro de você. Portanto, uma dica para começar a trabalhar a dependência emocional é começar a tomar consciência dessa realidade, e também começar a fazer por si mesmo tudo o que você acha que depende do outro ou que ele faz por você.

Se você for uma mãe como a do nosso exemplo acima, saiba que pode criar uma maior segurança quando levar em conta e usar como apoio a boa orientação que passa aos seus filhos; com isso eles já estão aprendendo. Quando uma criança aprende a fazer algo, não deveríamos mais fazer por ela justamente para que ela continue ganhando autoconfiança sobre seus potenciais e capacidades.

Neste exemplo e em outros casos, quando temos medo de perder os seres que amamos, pode estar embutido um decreto emocional bastante pesado: a crença de que somos responsáveis por tudo que acontecer ao outro. Nesse caso, seria muito interessante ponderar como isso é impossível e ilusório. Não temos controle e nunca teremos sobre o que acontece dentro do outro, em sua psique, com relação ao seu livre-arbítrio, ao seu modo de sentir ou pensar. Isso é um limite real, não se trata de má vontade ou irresponsabilidade nossa. É apenas um limite que precisamos aceitar.

Há também a necessidade de confiar na força atualizadora que cada um traz dentro de si e ter um grande respeito pelo propósito de vida de cada um. Uma pessoa não morre porque queremos ou não; este acontecimento tem a ver com seus próprios propósitos, livre-arbítrio e dificuldades existenciais que, terminantemente, não estão sob nosso controle, seja de nossas ações ou vontade.

Precisamos respeitar as nossas boas intenções, porém devemos respeitar os nossos limites reais. E esse respeito é básico, caso você queira desenvolver um melhor equilíbrio emocional, o que envolve uma maior autoestima, bem como atitudes de autovalorização.

O INCOERENTE
medo do novo — resistências

Meditar é refletir, refletir é enxergar, enxergar é admitir.
Admitir é agir, agir é mudar, mudar é evoluir.
Evoluir é vencer toda a força destrutiva do medo
que insistimos em expressar todos os dias.

O medo do novo é bastante incoerente porque a natureza não é estática. Não existe natureza parada, é sempre um dia após o outro, e a cada dia pensamos e aspiramos a coisas diferentes. Ter medo do novo se assemelha a ter medo da vida.

Às vezes percebemos que um determinado estado de coisas não é satisfatório e queremos mudar isso, mas o medo do novo aparece como uma forma neurótica de resistência à mudança.

A ideia de mudar sugere um contexto diferente, e normalmente temos medo de situações novas. O contexto velho e atual pode não ser bom, mas é conhecido, é habitual, traz segurança. Situações novas trazem ansiedade, e acabamos nos perguntando: "Será que não é melhor deixar como está? Afinal, trocar o certo pelo duvidoso? Será que vai ser bom? Será que vai dar certo?"

Para começar, temos que perceber que não podemos responder a essas perguntas. Também precisamos ter consciência clara de nossa insatisfação; o contexto atual pode ser conhecido, seguro, mas será que nos traz felicidade? É satisfatório? Pergunte-se: "Eu sou feliz assim? Isso é o que eu quero para minha vida nos próximos dez anos?" Se você respondeu NÃO, é porque talvez esteja acomodado na sua situação atual. O novo pode realmente parecer amedrontador, ou pode até trazer certa ansiedade, o que é natural; porém, o novo representa a mudança que vai oferecer um contexto melhor que o atual. E lembre-se: quantas situações novas você já vivenciou em sua vida e as bancou? Viu? Não é tão difícil, afinal!

Outrossim, é bastante comum ter medo de coisas que acreditamos serem boas para nós; parece meio incoerente isso, mas é muito comum; são os objetivos e metas que queremos alcançar, porém, ao mesmo tempo que os queremos, temos medo de realizá-los. Vamos explicar. Quando você quer muito alguma coisa e não tem conseguido realizar, deve haver alguma resistência ou medos incoerentes ligados a isso. Resistências são as ideias que temos em nosso subconsciente que nos fazem acreditar que aquilo que queremos nos fará mal. Ora, a natureza tem um princípio que é o bem, e, quando acreditamos que aquilo que queremos nos trará problemas, a natureza compactuará em afastar o que queremos, daí a importância de tomarmos consciência de nossas ideias de resistência. Para detectá-las, pergunte-se: "Qual o temor, o que aconteceria de ruim se eu conseguisse o que quero?" Talvez você não se sinta bom o suficiente para bancar o novo. Vamos a alguns exemplos:

- A mulher que quer muito um relacionamento, só que nunca consegue. Quando pergunto: imagine a situação de já estar num relacionamento, o que teria de ruim nisso? Na maioria das vezes, essa mulher vislumbra certos aspectos ruins, tais como perda de liberdade, ter que dar satisfação de tudo que faz ao parceiro, obrigações da vida a dois, etc. Veja bem, se essa mulher não perceber que tem essas resistências, esses medos impedirão que ela encontre um companheiro, porque dentro dela ter um parceiro significa uma ameaça perante sua integridade. Logo, ela mesma, inconscientemente, vai contra seu próprio objetivo. No momento em que ela perceber que ter um companheiro não significa perder sua liberdade, no momento em que ela checar seus valores, seus conceitos de obrigações, papéis de casada, e perceber que amar alguém não significa estar nas mãos desse alguém, e sim em suas próprias mãos, ela desarma a resistência e consegue realizar o seu desejo, inclusive atraindo alguém que a respeitará bastante, pois será isso, respeito, que ela estará emanando.

- O indivíduo que quer sarar de um quadro de doença. Parece esquisito, mas é enorme o número de pessoas que, apesar de estarem doentes, resistem à cura. Perguntando a elas quais as vantagens de continuarem doentes ou o que teria de ruim na cura, elas respondem que a cura significa perda de atenção, colinho, gentilezas, etc, que, enquanto doentes, recebem dos outros. A cura também significa que haverá falta de apoio por parte das pessoas, terá que tomar decisões, assumir responsabilidades, coisas que um doente não tem que fazer. É importante que alguém nessas condições perceba quanta força faz para continuar doente; embora receber a atenção dos outros seja bom, mas a que preço, não? Será que vale a pena, ou é melhor repensar essas atitudes, não valorizar o ser coitadinho e começar a amadurecer, bancar-se e andar com suas próprias pernas?
- O obeso que quer emagrecer. Incrível o número de obesos que encontram na obesidade uma forma de autoproteção. Quando perguntados sobre as vantagens de não emagrecerem, chegam a enumerar argumentos, tais como: "Enquanto gordo, não corro riscos de me apaixonar ou de atrair ninguém, assim não corro riscos de sofrer; não tenho que perder a liberdade de comer o que quiser, já que emagrecer envolve certo policiamento do que se come; perda do prazer de comer; e o que vou fazer se não comer a toda hora? Como preencher os vazios, se não for pela comida?" E por aí vão as respostas e as resistências. De fato, essas ideias mostram como é desinteressante deixar

de ser obeso. O necessário nesse quadro é tomar consciência desses conflitos, elaborá-los, entender suas raízes, para que a pessoa se desvencilhe deles e possa realizar os seus objetivos, no caso, emagrecer. Entenda que uma pessoa pode trazer certos decretos de sobrevivência; e, se um dia, o seu inconsciente entendeu que um determinado comportamento era necessário à sua sobrevivência, então essa pessoa vai ter problemas quando tentar modificar seu comportamento. Por isso, o processo de autoconhecimento (via psicoterapia) é muito importante para trazer compreensão e dar bagagem para efetuar as mudanças necessárias. No livro *É tempo de mudança*, há um capítulo com o tema "Em paz com seu corpo — transformando obesidade em peso ideal", que você pode consultar para entender melhor as causas emocionais da obesidade.

- Um indivíduo que quer arranjar um trabalho. Por ser bastante exigente e perfeccionista, sabe subconscientemente que o novo emprego se tornará algo muito pesado, assim, sua natureza dificulta essa meta. O que essa pessoa precisa fazer é trabalhar suas ideias perfeccionistas e cobradoras e se predispor a perceber que vai fazer o melhor que pode, e que não deve se cobrar para não errar, porque não tem que saber tudo sempre. Essa nova disponibilidade lhe abrirá as portas de um bom emprego, com certeza.

Assim, pelos exemplos acima, podemos perceber como apresentamos, sem ter consciência disso, grandes resistências ao novo, porque o novo significa algo com que ainda não sabemos lidar, ou que nos parece sacrificado em algum aspecto. É preciso entender que, enquanto houver vantagens num determinado contexto, você continuará resistindo às mudanças.

É interessante compreender que um determinado comportamento ou atitude sempre tem uma finalidade, afinal aprendemos um dia a agir assim, e enquanto não compreendermos essa finalidade não caminharemos para uma mudança efetiva. Não adianta criticar-se, o importante é aceitar que você se comporta de uma determinada forma, buscar compreender o porquê disso, as vantagens que esse comportamento lhe traz, do que ele o preserva, o que é evitado quando age dessa forma. Quanto tudo isso for compreendido, você mudará e não terá medo do novo.

É muito comum que nessas circunstâncias a natureza coloque situações repetidas em sua vida, tão insatisfatórias, mas tão insatisfatórias que você vencerá o medo do novo, sabe quando? Quanto estiver saturado, não puder aguentar mais, e é aí, exatamente aí, que você estará pronto para o novo, porque, no mínimo, pensará: "Chega, estou cheio, saturado, qualquer coisa é melhor do que isso". O dia que se sentir assim, você muda e parte para o novo.

Novamente, aquilo que já mencionei: chega um determinado momento que a natureza em você lhe diz: "Ou você vai, ou você vai". E se não for, sabe o que acontece? Você sofre, e sofre tanto, que um dia desencarna, e quando chega lá do outro lado continua sofrendo, porque vai sentir o peso de sua irresponsabilidade por não se ter ouvido e percebido melhor. E creia: isso lhe será cobrado — e muito.

Há um conto muito simpático que diz que havia um monge à beira da morte, e que estava muito triste. Um de seus discípulos perguntou:

Mestre, o senhor está com medo da morte? Mas não foi o senhor mesmo que disse que a morte não deveria ser temida?
O mestre respondeu:
Não é isso, estou pensando o que acontecerá quando eu chegar lá do outro lado. O discípulo, então, comentou:
Ora, mas o senhor sempre foi tão bom e caridoso. Sempre ajudou tanto as pessoas. E o mestre retrucou:
Pois é isso mesmo que me preocupa. Quando "eles" me apontarem: "Você só ajudou tantas pessoas, e o que fez para si mesmo?"

Assumir a responsabilidade por si mesmo — este é o grande lance para o crescimento e maturidade emocional. Você pode consultar o livro *Equilíbrio emocional — como promover harmonia entre sentir, pensar e agir*, que discorre bastante sobre o tema da responsabilidade pessoal.

Voltando ao nosso medo do novo, uma reflexão importante para trabalhar esse medo é justamente perceber que cada momento de nossa vida é novo. Logo, pode até haver de forma normal alguma ansiedade perante o novo, principalmente perante aquelas situações mais diferenciadas ou intensas. O que precisamos, de fato, é policiar a nossa mente tagarela, que invariavelmente aumentará o medo de situações novas, quando só pensar de forma catastrófica e amedrontadora.

Sabe aquelas divagações tão comuns e tão perniciosas que fazemos, tais como:

- E se não der certo?
- E se as coisas não saírem do jeito que quero?
- E se eu falir?

- E se eu falhar?
- E se perder todo o dinheiro que tenho?
- E se não aguentar?
- E se morrer?

Percebam como a linha acima de pensamento é deveras catastrófica. Em nenhum momento houve uma expectativa positiva. Considere que, enquanto você não der um primeiro passo numa determinada situação, não terá condições de saber como as coisas se desenrolarão, não é mesmo? Matematicamente falando e dentro de uma extrema lógica, as possibilidades de uma situação dar certo são 50%, e de não dar 50%. O que você não pode se cobrar é justamente adivinhar como as coisas serão, pois você NÃO tem condições de adivinhar. Perceba que o seu foco, em vez de estar nas suas preocupações catastróficas, tem que estar nas suas ações. A cada preocupação, pergunte-se o que pode fazer, e de preferência já, pois, caso contrário, a preocupação será inócua, vazia, e só lhe provocará uma ansiedade negativa e você passará mal.

Vamos pegar um exemplo: uma pessoa que quer abrir um negócio. Ninguém que está para abrir um negócio quer que ele dê errado. Todo mundo que entra numa situação dessas quer que o negócio dê certo. Só que é claro que as expectativas podem não ser aquelas que a pessoa queria, e o resultado sair diferente. Isso significará fracasso? De jeito nenhum, tudo é uma questão de interpretação; se a pessoa interpretar que o resultado, diferente do que ela previa, pode lhe trazer experiência para uma próxima ação, ela não se sentirá fracassada. Já aquela pessoa que interpretar tudo como um grande fracasso não só se sentirá fracassada, mas também incompetente, e, aqui, essas sensações ruins só estarão mostrando o grau de cobrança e exigência absurda que a pessoa se fez. Veja bem, ninguém erra de propósito. A pessoa não errará propositalmente, querendo que seu negócio fracasse. O que quer que ela faça será tentando, será o melhor que pode fazer a cada situação. E isso lhe trará, cada vez mais, vivências, experiências, crescimento e maturidade.

Se você tirar da cabeça a ideia de que tem de acertar, percebendo que acertar não é uma obrigação, mas sim um querer, você perceberá também que tudo o que faz é o seu melhor, a cada momento. Agindo assim, não assumirá culpas, pois o culpado é aquele que comete erros propositais; pelo contrário, assumirá responsabilidade, o que é bem diferente. Responsabilidade é a habilidade de gerar respostas, e todos nós, a cada dia, estamos aprendendo, porque esse é o caminho natural. Não temos que ser adivinhos, perfeitos, isso não existe e se você se cobra dessa maneira, saiba que está se torturando e criando um grande mal para si mesmo. O próprio excesso de cobranças e expectativas catastróficas gerará um medo tão intenso que causará paralisação, ou seja, aí é que a pessoa não fará nenhuma tentativa e, com certeza, sua frustração aumentará sobremaneira.

Se você entendeu isso, e se passar a confiar na natureza atualizadora dentro de si mesmo, enfrentará o novo com uma nova energia, sem os medos neuróticos. A natureza dentro de nós nos fornece sentidos, os quais, constantemente, nos orientam para o que é melhor. Perceba que você tem cinco sentidos: visão, audição, paladar, tato e olfato. Esses sentidos nos informam o tempo todo o que está acontecendo à nossa volta, e se isso é bom ou não.

Por exemplo, você pode olhar uma cena desagradável, e tem o livre-arbítrio de não continuar olhando; você sente um cheiro ruim e tem o livre-arbítrio de tapar o nariz ou sair de onde está; você ouve um barulho desagradável, um som desarmônico e pode não querer permanecer nesse local barulhento; você coloca uma comida em sua boca e, ao perceber que o gosto está ruim, pode cuspir e parar de comer. Ao tocar numa superfície quente ou fria demais, e isso lhe for desagradável, você pode largar o objeto e interromper a sensação.

Temos uma pele, sentidos que nos informam se está frio, se está calor e, por conta disso, percebemos qual roupa queremos vestir. Temos sensações que nos informam se estamos com fome, se queremos urinar, tomar água. Enfim, esse sentir também nos informa sobre o que estamos fazendo conosco. Conforme já foi dito, o que pensamos com intensidade passa para o nosso corpo. E o nosso sentir vai produzir sensações de angústia, peso, tristeza justamente para nos informar sobre o que estamos pensando e fazendo conosco, como quando nos cobramos ações absurdas ou controles que, definitivamente, não temos capacidade de executar. Ao fazer isso, você poderá perceber que gerará muita angústia e um imenso mal-estar.

Entenda, então, que as nossas sensações nos informam sobre o que se passa em nossa cabeça, e se nos sentimos muito irritados ou tensos, precisamos perceber o que estamos nos cobrando, exigindo, criticando ou o que nos preocupa em demasia. Dá para entender isso?

Perceba como a natureza em nós nos fornece toda a bagagem para enfrentarmos qualquer situação nova. Existe a probabilidade de que as novas situações sejam difíceis ou fáceis, duradouras ou rápidas, ou mesmo imprevistas; enfim, o que você precisa levar em conta e acreditar, para valer, é que SEMPRE você terá a prontidão para a ação necessária para cada situação. SEMPRE!

Confie nisso, confie em sua natureza atualizadora. E fique no aqui e agora. E por que ficar no aqui e agora é tão importante? Justamente porque é só neste momento que conseguimos perceber o que realmente está acontecendo, e o que estamos de fato sentindo. Isso é sinônimo de equilíbrio, pois só percebemos, agimos e temos consciência do que realmente é necessário se estivermos centrados no aqui e agora.

Não dá para comer hoje tudo o que você precisa comer durante a semana, com o intuito de antecipar as coisas, não é mesmo? Não dá para você se preparar totalmente para o amanhã, porque você não tem condições de saber como será o amanhã. No máximo, você pode tentar antecipar alguns detalhes, mas saber mesmo, você não sabe!

Por exemplo, um estudante preocupado com uma prova difícil que ocorrerá amanhã. O que ele pode fazer objetivamente? Se só ficar preocupado, de nada adiantará. Então, qual é a sua parte, o que realmente depende dele? Estudar, esclarecer suas dúvidas, revisar a parte mais difícil da matéria. Isso sim é o que ele deve fazer para se sentir preparado, esta é a ação ideal com relação à prova de amanhã.

Um executivo preocupado com uma reunião com a diretoria. Ele pode se preparar para a tal reunião, revendo itens, armando-se com dados, cálculos e números que provavelmente lhe serão exigidos, pode revisar ideias que gostaria de apresentar, ensaiar um discurso, porém o que não poderá se exigir é adivinhar o que será perguntado e já entrar numa ansiedade tremenda ao divagar sobre todos os prováveis insucessos que podem acontecer. Isso já seria autotortura.

Enfim, perceba que o que realmente temos é o aqui e agora, pois é o único momento onde efetivamente nos encontramos.

Por isso, é muito importante entender as leis de nossa natureza, pois através dessa percepção criaremos uma integração muito boa com nós mesmos, pois sempre saberemos, via sensações, o que estamos fazendo e, através disso, poderemos nos corrigir e melhorar a cada dia.

Assim, entenda que você já possui todo o preparo do mundo para enfrentar o novo.

O medo do novo também está relacionado com o medo de decidir. A indecisão é uma forma de preservar o indivíduo para não agir, afinal, poderá correr o risco de errar, arrepender-se, e o que acontecerá, não? Repensar o medo do novo através do exposto também facilitará a tomada de decisões. No livro *É tempo de mudança*, há um capítulo chamado "Transformando indecisão em ação pura", que você pode consultar.

Lembre-se: "A prontidão para o novo encontra-se presente, a cada vez que você respira".

O CARÁTER neurótico e o medo da vida

Se você quiser conquistar o mundo, e esforçar-se para isso, sei que não chegará ao fim. O mais sublime instrumento do mundo não pode ser alcançado.
Os que o alcançam, estragam-no; os que o abraçam, perdem--no. Por isso as criaturas às vezes vão e às vezes seguem, às vezes inalam e às vezes exalam, às vezes são fortes e às vezes, fracas, começam em certo momento e terminam em outro; por isso os sábios removem os extremos, removem a extravagância, removem a arrogância.

— *Tao Te Ching*

O medo da vida está ligado à neurose — embora ela não seja definida apenas por ele — mas devemos considerar que, necessariamente, o neurótico desenvolve esse medo por não conseguir ser plenamente ele mesmo, e normalmente vive sua vida de forma reprimida, com receio de expressar-se, de abrir o seu coração, de mostrar o que sente, sejam sentimentos positivos ou negativos.

De fato, a neurose se instala no indivíduo e impõe a ideia de que expressar o que sente, abrir-se ou ser ele mesmo traz um enorme risco, que é justamente o risco de não ser aceito, de ser rejeitado ou até mesmo destruído. E, de fato, este é o medo inconsciente de todos nós — o de sermos destruídos. Então, numa postura defensiva, o que aprendemos a fazer? Aprendemos a nos preservar através do ego, espécie de capa protetora que propicia a aprovação e aceitação do meio onde nos encontramos. Freud dizia que todos os indivíduos são neuróticos e que, de certa forma, não seria possível tornarem-se totalmente lúcidos. Concordo em parte com Freud, considerando que nossa formação contribui muito para nos tornar neuróticos, porém acredito piamente que é possível compreender nossas neuroses (que embutem crenças e modelos que absorvemos) e, por conta dessa compreensão, livrarmo-nos delas. Assim, para trilhar o caminho da verdadeira integração e amadurecimento emocional, precisamos investir no processo de autoconhecimento; como somos seres duais, precisamos ter consciência do que é o nosso ego para diferenciá-lo de nossa natureza essencial. Basicamente o ego engloba todos os valores sociais, familiares, enfim, o *modus vivendi* que nos foi transmitido, valores esses, porém, que precisamos checar e submeter à peneira do nosso bom senso, a fim de que possamos nos perceber melhor e nos descobrirmos para, literalmente, poder tirar a capa egoica que aprendemos a usar. O ego é como se fosse uma capa que vestimos, ou a imagem que projetamos para nos adaptar aos modelos culturais, ao mundo que nos rodeia.

Nossa natureza embute nossa alma, consciência, jeito de ser, sensações individuais e, como já foi dito, nos informa, via sensações, sobre o que estamos fazendo, como estamos atuando conosco e o que acarretamos para nós mesmos. A natureza também tem uma lei interessante: ela protege a ignorância, mas não protege a consciência. Assim, ela nos empurra para o caminho evolutivo: quando aprendemos e incorporamos uma verdade, algo que para nós faz sentido, a nossa natureza interpreta que, se já apreendemos algo melhor, ela pode nos cobrar no caso de não atuarmos de forma coerente com o que já sabemos. É simples, não? Ela age como uma mãe que cobra do filho tomar banho ou comer sozinho, à medida que ele aprende. Se bem que, lamentavelmente, ainda há mães superprotetoras que ficam cuidando do filhinho (de trinta anos), como se ele fosse um bebê. Enfim, a natureza nos trata como uma boa mãe, que joga responsabilidade ao filho porque já sabe que ele tem conhecimento e pode agir melhor do que está agindo. A nossa natureza também nos impulsiona a realizar o nosso propósito de vida, ou seja, o motivo pelo qual estamos aqui, os compromissos que criamos para o nosso processo evolutivo. Assim, quando não queremos ir, quando nos acomodamos e resistimos, a natureza nos arranja problemas, tais como sentimentos de insatisfação, sintomas e doenças, que apenas funcionam como propulsores para a retomada do caminho, para que percebamos a maneira como estamos procedendo. Lembre-se: a sensação de bem é um recado de sua natureza dizendo que o caminho está certo. Em contrapartida, a sensação de mal informa que o caminho está errado, isto é, suas atitudes e maneira de proceder estão em oposição à sua natureza.

Existe em nosso organismo um mecanismo denominado *autorregulação organísmica*. O que é isso? É um mecanismo que é acionado automaticamente cada vez que temos uma vivência, experiência ou compreensão, enfim, um *insight* sobre as coisas da vida. Quando a natureza incorpora uma compreensão, uma verdade, uma sensação de melhor, isso passa a fazer parte do organismo individual. A mudança fica implantada e esse sistema de autorregulação organísmica vai querer repetir a sensação de bem. Entender isso é básico, pois elucida como o desenvolvimento e o amadurecimento são muito peculiares à cada organismo. Se a natureza o empurra, digamos, para evoluir, não adianta reclamar ou se irritar — ela não está sendo injusta, pode apostar nisso! Ela só o está lembrando que você pode agir melhor do que tem feito.

Como fomos neurotizados pelos condicionamentos de nossa educação e formação, e com isso criamos o medo da vida, acredite que sempre haverá a possibilidade de entender e se desvencilhar das neuroses, a fim de trilhar um caminho mais interessante e mais feliz.

No processo de autoconhecimento, precisamos passar por aquilo que chamo de salto quântico, que é o seguinte: nosso inconsciente entendeu que os decretos de sobrevivência e modelos comportamentais que introjetamos serviam exatamente para uma coisa: sobreviver. Quando percebemos que, na realidade, o que aprendemos e introjetamos gerou um modelo de má sobrevivência e descobrimos nosso verdadeiro jeito de ser, aparece um medo de destruição, que é o inconsciente questionando se não iremos sucumbir por conta dos novos modelos. E é exatamente aí que precisamos nos apoiar totalmente em nosso sentir, que nos mostra claramente que o novo procedimento gera bem-estar e harmonia, bem diferente dos velhos padrões que geravam constantemente mal-estar e angústia. Aliás, só para reiterar, o mal-estar e a angústia ou sofrimento só estavam ali para mostrar que estávamos no caminho errado, ou seja, na contramão de nossa natureza.

Entretanto, para o neurótico acostumado e reforçado nas neuroses e falta de contato consigo mesmo, parece bastante assustador lidar com mudanças, mesmo que positivas, como ter mais vitalidade ou sensações mais intensas. E por quê? Porque o neurótico acabou aprendendo a viver numa espécie de estado de anestesia, pela absoluta falta de treino e espaço para perceber suas sensações, desejos ou sentimentos verdadeiros. Não foi devidamente treinado para contatar as suas percepções e a prestar atenção no seu sentir. O problema é que a vida de verdade é dinâmica, contém vitalidade, alegria, implica em ações e isso parece tão complicado para o neurótico que ele acaba dificultando e temendo a mudança, mesmo que positiva. É o que eu chamo de pseudo *status quo* de segurança: contextos seguros, habituais, porém tremendamente insatisfatórios. E é isso que normalmente vemos; apesar de muitas pessoas quererem mudar para melhor e tornarem-se mais felizes, ao mesmo tempo morrem de medo disso.

O medo da vida, na realidade, reflete o afastamento do indivíduo da sua natureza. Lamentavelmente, por conta dos valores culturais, a maioria das pessoas foi educada para se manter ocupada mentalmente, para desempenhar papéis, e com isso, obviamente, foi muito reforçada a pensar de modo racional, a fim de não perceber as suas sensações para não gerar conflitos. Sabemos que o questionamento filosófico sobre liberdade e individualidade, ao longo do tempo, não foi muito reforçado nem valorizado, por não ser interessante para quem detém o poder, seja o governo, o pai, o diretor da empresa ou o líder religioso.

Por muito tempo tivemos governos, e mesmo religiões, para os quais a detenção do poder significava evitar que as pessoas sentissem, tivessem uma percepção profunda da vida ou questionassem suas imposições. Foram inculcadas ideias dogmáticas, certa metodologia que incluía o medo e a repressão, e, por conta disso, é claro que as pessoas foram podadas. Foram transmitidos (e ainda são) conceitos impondo ideias de como deve ser o comportamento ideal ou o corpo ideal da mulher ou do homem, qual o biotipo que dá audiência, métodos que valorizam a cultura do corpo, enfim, mais preconceitos do que conceitos, que tentam fazer com que os indivíduos se enquadrem nos padrões que são mais valorizados pela sociedade. Os valores transmitidos, na maioria das vezes, embutiam a ideia de que os indivíduos deveriam ser padronizados, tendo que agir de acordo com as regras, com os padrões tradicionais, ações essas com a finalidade de atender às expectativas de alguém, buscando, assim, aprovação e aceitação dentro do meio. Isso obviamente fez com que os indivíduos permanecessem sem uma boa percepção de suas reais necessidades, individualidade e naturalidade. Tudo isso foi sublimado, deixado de lado e o que aconteceu como resultado? Aprenderam a fugir da vida, de si mesmos, perderam a naturalidade ou a deixaram de lado, a ponto de acharem que ser natural é algo assim como ser louco ou totalmente irresponsável. Então, quando há o afastamento radical dos sentimentos, fica fácil encontrar fuga nas manias e vícios, no álcool ou nas drogas, no fanatismo religioso ou político, como meios para apaziguar medos, angústias de solidão ou culpa e ansiedade.

Por conseguinte, é gerado o medo da vida, e, por conta desse medo, desse desconforto perante a vida genuína, há um reforço pelas ideias neuróticas de controle e domínio, não somente pelos próprios sentimentos e emoções, como pela atuação dos outros, que é a famosa neurose de controle. Dessa forma, com todo esse procedimento, ficou fácil admirar a pessoa fria, valorizar o indivíduo robotizado que age continuamente, eficazmente, mas sem sentir, sendo apenas intelectual e racional. A maioria das pessoas, num maior ou menor grau, sofre dessa neurose. E, apesar de atualmente termos uma educação um pouco mais liberal, ela ainda é repressora, preconceituosa e podadora, pois não houve tempo para nossa herança filogenética ser alterada. Se os pais atuais mudarem já, auxiliarão, com certeza, as novas gerações, e a mudança acontecerá mais rapidamente.

Todos nós sabemos que a ênfase de nossa cultura recai sobre o fazer, sobre o conseguir resultados, comprometendo as pessoas mais com o sucesso do que com sua autenticidade. Pertencemos à "geração da ação", que em essência significa "fazer mais e sentir menos". Temos também muitos reforços perante a ideia de ter de correr atrás dos resultados para ter sucesso, posição social e ser financeiramente poderoso. É claro que não sou contra nada disso, o que acho necessário e que seja realmente ponderado é o exagero em condicionar o valor de uma pessoa a tudo e a somente isso.

Por conta dessa massificação, o que vemos? Vemos que a maioria das pessoas sente-se insatisfeita, infeliz e fracassada, com uma dificuldade muito grande de lidar com suas sensações de dor, angústia e desespero; sentem-se fracassadas quando não atingem os padrões impostos pela sociedade, como peso, biotipo, situação financeira; sentem-se inferiores quando são apenas diferentes; reflita que não existe superior ou inferior, há apenas diferença entre as situações, alguém pode ter mais dinheiro que você, logo se encontra numa situação financeira diferente da sua, mas isso não o torna superior a você, pelo contrário, é você que se inferioriza porque não coloca o seu valor no ser e sim no ter. As pessoas também ficam confusas quando não conseguem os resultados idealizados e quando não se sentem "aqueles" ideais de perfeição que achavam que fossem; e também não se sentem capazes de superar suas fraquezas, temores e ansiedades. Acham que a angústia e a dor que sentem refletem o medo do fracasso, por não serem tão bem-sucedidas como queriam.

Diariamente lido com pessoas que ficam deprimidas porque não se casaram, ou porque não têm filhos, ou porque não tem o carro do ano, ou porque a sua família não é tão perfeitinha como elas idealizaram. Quão longe estão essas pessoas de si mesmas, a ponto de interpretarem tudo errado! Como sempre afirmo e oriento, elas não se sentem deprimidas por conta do que não tem, mas sim em função de como se tratam, e elas se tratam muito mal, quando se subestimam e se depreciam completamente, porque colocam o seu valor lá fora, num estado ou num objeto ou numa situação, e não nelas mesmas, no seu ser. Cobram-se controles absurdos, tem uma vaidade maluca a ponto de achar que, se alguém de sua família não se comportar direitinho, a vergonha é dela. Como é que pode alguém se responsabilizar pelo ato do outro? Isso significa orgulho, pura vaidade, puro ego, porque essa pessoa, no mínimo, coloca o seu valor na atitude do outro, mais ou menos assim: se o outro é perfeitinho, significa que ela (a vaidosa) é boa; em contrapartida, se o outro falhar, ela é uma porcaria. Sabe quem se comporta assim, na maioria das vezes? Pais vaidosos, que acham que os filhos são de sua propriedade e que não conseguem discernir ações respeitosas de imposições tirânicas. Esses pais deveriam impor menos e jogar maiores responsabilidades para os filhos, assim eles cresceriam mais seguros e íntegros. Também já ouvi mulheres se queixarem de quando os seus maridos bebem, não porque estejam preocupadas com a doença física e dependência alcoólica deles, mas sim porque se preocupam com o que os outros irão pensar delas, no caso de eles darem um vexame. Ora, quem dá o vexame é o marido, e quem deve se sentir envergonhado é ele, e não ela. Esse é o tipo de pensamento vaidoso, orgulhoso, controlador, que a grande maioria das pessoas tem; e garanto que elas sofrem muito por conta disso, até perceberem o que fazem, retirarem seu controle neurótico sobre o outro e usar a energia em prol de si mesmas. Que neurose, não é mesmo? Por isso é tão importante tomar consciência de como agimos e do que exigimos de nós, senão não haverá mudança.

Estou falando da necessidade de uma reaprendizagem para ganharmos consciência de que o caminho certo é o de perceber e ampliar nossa percepção no aqui e agora, com o intuito de entrarmos realmente em contato com o que sentimos e compreendermos o que esse sentir nos comunica. Só que é isso o que as pessoas menos fazem, ou seja, parar, respirar profundamente, a fim de criar a oportunidade de se perceberem melhor e dar um tempo para suas mentes tagarelas. E, com certeza, se não paramos para perceber o que estamos sentindo, não perceberemos as nossas insatisfações mais profundas que estão aí apenas para nos informar de como estamos distantes de nós mesmos, de como estamos sendo apenas egos ambulantes, pensantes e com exigências absurdas, críticas constantes, sem o menor respeito à nossa natureza e ao ser real que somos. Não há contato, não há a percepção clara de nossos vazios e buracos emocionais que precisam ser percebidos e preenchidos por nós mesmos, sem esperar que o outro faça isso; e, somente quando tivermos essa percepção e ação autodirecionada é que, finalmente, tomaremos consciência de que todas as nossas sensações terríveis como a dor, o desespero e a angústia só refletem as nossas ações para com nós mesmos.

Estou falando aqui de uma mudança de paradigma, da necessidade de rever os conceitos que até agora foram passados a respeito do que sentimos. Normalmente as pessoas são orientadas para negar e criticar o que sentem, quando o contrário é que é o ideal; precisamos aceitar o que sentimos, senão estaremos criando uma distância cada vez maior de nós mesmos e os vazios interiores, bem como a angústia, aumentarão. Uma pessoa não se sente mal por conta do que acontece, mas sim por conta de como age com relação ao acontecimento. As leis da vida embutem desafios a que somos submetidos, justamente porque a vida parte do ponto que podemos enfrentá-los; logo, os acontecimentos não são a causa real de nossas dores, mas sim a forma como os enfrentamos. Ouço tantas queixas de pessoas depressivas que dizem que tal acontecimento desencadeou a depressão delas. Ora, a depressão é resultado de atitudes e posturas mantidas ao longo do tempo; um determinado fato pode detonar a crise de depressão, mas não é a causa principal. Veja mais sobre depressão no livro *Em busca da cura emocional*, e no capítulo "Como transformar a depressão em alegria de viver" do livro *É tempo de mudança*. Também falei muito sobre o acima exposto, que é o trabalho com as emoções, no livro *Equilíbrio emocional — Como promover harmonia entre pensar, sentir e agir*. E não custa repetir que tudo o que pensamos reflete em nosso corpo; assim, os sintomas só estarão nos mostrando o que estamos fazendo, exigindo de nós mesmos, e com isso nos maltratando, desrespeitando e depreciando.

A neurose é um grande conflito interno. O caráter neurótico assume muitas formas, mas todas elas envolvem uma luta no interior da pessoa entre o que ela é e o que acredita que deve ser. Toda pessoa neurótica é prisioneira desse conflito.

Transcrevo aqui uma citação interessante de Alexander Lowen, da bioenergética, (...) *o indivíduo reflete em si alguns conflitos culturais; falamos de paz, mas nos preparamos para a guerra; defendemos a preservação ecológica, mas exploramos os recursos naturais da Terra com vistas ao lucro financeiro; comprometemo-nos com metas de poder e progresso, mas desejamos ter paz de espírito, estabilidade. Não nos damos conta de que poder e prazer são valores opostos e que o poder exclui o prazer. O poder desencadeia o conflito pela posse, e coloca pessoas contra pessoas. O progresso denota uma atividade constante que leva à mudança do velho em novo, devido à crença de que o novo é sempre superior ao velho; embora isso possa ser verdade em algumas áreas técnicas, como crença é perigoso. Na verdade, nas culturas onde prevalecem outros valores, segundo os quais o respeito pelo passado e pela tradição é mais importante do que o desejo de mudar, os conflitos são minimizados, e a neurose é rara. Na realidade não é que se deva desvalorizar o novo, as inovações ou o próprio progresso, o problema está em deixar de considerar princípios e valores internos, desprezando-os somente para compactuar com os dos egos sociais.*

Interessante o exposto, não? E verdadeiro. Nada contra o progresso, o que devemos é refletir sobre o preço que pagamos ao andar em oposição às leis da natureza, e fingir que nem temos essa natureza, que difere enormemente dos tais valores sociais.

A neurose se inicia no núcleo familiar. Ao nascer, o bebê já encontra um mundo preparado para ele, um quarto decorado e inúmeras expectativas de como ele deverá ser, agir etc; os conceitos padronizados já estão ali aguardando para serem impostos. Assim, o menino deverá comportar-se como um menino, idem a menina, e, com isso, o respeito às tendências e potenciais inatos serão desrespeitados. Os pais ou os cuidadores de uma criança inculcam nela os valores da sociedade e exigem dessa criança atitudes e comportamentos adequados, destinados a inseri-la na matriz social e cultural. É aí que entra a imposição da personalidade deliberada, que são as regras impostas à natureza essencial da criança, literalmente violando e podando essa natureza. Para que isso não acontecesse, teria que haver uma resistência por parte da criança a fim de não permitir essa violação, só que ela, por ser realmente frágil e impotente, absorve e acata aquelas exigências com a impressão de que precisa agir da forma como é exigido, para garantir o amor e a aprovação de seus pais, e, enfim, sua própria sobrevivência. O resultado final dependerá da natureza dessas exigências e do modo como serão cumpridas. O fato é que, através do amor, respeito e compreensão certamente é possível ensinar a uma criança os hábitos e rituais de uma cultura sem violar sua natureza. Infelizmente, na maioria dos casos, o processo de adaptação de uma criança à cultura poda efetivamente sua essência, tornando-a neurótica e fazendo-a desenvolver o medo da vida. Na realidade isso é uma defesa, pois, por ter medo da vida, ela na realidade expressa o medo de ser ela mesma, das represálias, do abandono e desaprovações no caso de efetuar uma escolha que deveria ser a correta. A criança possui um mecanismo instintivo que serve para garantir sua sobrevivência e, assim, acaba se adaptando.

É claro que esse processo não é exatamente igual para todos; há famílias mais conscientes e mais respeitosas que irão mesclar educação e compreensão. Há espíritos mais fortes, mais rebeldes, que resistirão a essa formação neurótica, porém, uma coisa é certa: todos nós nascemos em núcleos familiares, e, num grau maior ou menor, todos nós teremos que trabalhar nosso autoconhecimento, a fim de nos desvencilharmos de certos valores e imposições indevidos que nos foram transmitidos e que, lamentavelmente, absorvemos. E, por favor, nada de culpar pai e mãe, uma vez que eles também estiveram em núcleos neuróticos e, assim, tudo o que fizeram e fazem realmente representa o melhor deles.

Enfim, efetivamente, todos nós nascemos dentro de uma família e carregamos esta encrenca emocional. O nosso ego cresce, temos um lado adulto, desenvolvemos um lado racional que é capaz de trabalhar, exercer funções, criar coisas; crescemos, porém, sempre há o nosso lado emocional imaturo que parou no tempo. Eu chamo isso de **eu emocional imaturo**. Este lado é imaturo porque tem uma série de necessidades e vazios que jamais foram preenchidos. Isso acontece naturalmente pelo desrespeito e violação ao jeito natural de ser de cada um. Na realidade é a nossa natureza verdadeira que está lá podada, empacada, e o eu emocional é também cheio de medos, até de justamente tomar consciência dessas necessidades e vazios. Porque preenchê-los significa, grosso modo, renunciar à espera do que vem de fora, renunciar à expectativa de que o outro vai me aceitar se eu for "muito bonzinho" e atender às expectativas dele. Só que, definitivamente, não amadureceremos, a menos que nos confrontemos com a nossa tremenda frustração que é a de justamente saber que, apesar de nossa tentativa em tentarmos ser tão bonzinhos e legais, ninguém, mas ninguém mesmo correspondeu (e nem corresponderá) às nossas expectativas na medida certinha que precisávamos. É ou não é isso? E por que isso acontece? Por que não recebemos exatamente aquilo que fazemos ao outro?

Primeiro porque ao colocarmos as necessidades do outro como nossa prioridade, nos desconsideramos e abandonamos, colocando-nos de lado.

Segundo, por conta da lei da atração, que diz que, se vibramos desrespeito e abandono, o outro vai nos responder dentro da vibração que estamos emanando, logo, não nos respeitará ou considerará.

Terceiro porque precisamos trabalhar a nossa frustração de não receber o que queremos, porque esse é o nosso verdadeiro trabalho de maturidade, evolução e integração.

Veja bem, só para esclarecer, não estou dizendo aqui que não devemos ajudar o outro, não é isso. O que é necessário ponderar é que nessa ajuda a ação precisa ser autêntica, verdadeira, para que nos sintamos mais felizes do que aquele que é ajudado por nós. O que não é adequado são as ações obrigadas, baseadas na ideia de que "é uma obrigação ter que ser legal para o outro, a fim de receber dele consideração, apoio e aceitação". O ideal é nos deixarmos guiar por ações que partem do coração (sentir autêntico e espontâneo); assim, com certeza não haverá enganos ou ações egoicas.

E de qual integração estou falando? É justamente a integração da nossa natureza, aquela porção que ficou lá atrás, podada, empacada, guardadinha porque desenvolvemos o medo de sermos o nosso verdadeiro eu. A integração significa deixarmos de ser neuróticos, acabar com o conflito que mencionei anteriormente, grosso modo, **ego** (aprendizagem do que se deveria ser) e **essência** (natureza verdadeira, aquilo que se é).

A integração inclui sentir, perceber nossas verdades e necessidades interiores, agir de forma condizente e assumir a responsabilidade pelo que sentimos; temos que respeitar o nosso sentir, caso contrário, não haverá contato real e não agiremos de forma condizente e pura, a fim de preencher os nossos vazios emocionais interiores.

Filosoficamente, podemos questionar o seguinte: qual é o destino do homem moderno? Será que é só buscar atingir o sucesso e o poder apenas, e lá na frente acabar desfacelado, ou sofrendo colapsos? Já atendi inúmeros executivos que se dedicaram tanto à carreira e ao sucesso que sofreram um ataque cardíaco, ou tiveram inúmeros problemas psicossomáticos por conta do estresse exagerado que causaram a si mesmos. Nada contra buscar o sucesso ou uma boa posição financeira, o problema é que não poderia haver tanta pressão ou estresse, mas sim a sensação de satisfação, o prazer de fazer o que se gosta.

Elucidando com um caso: atendi um executivo, recém-enfartado, que afirmou que trabalhava numa empresa há trinta e cinco anos, e desde o primeiro dia em que iniciou lá sabia que não gostava dali, e se perguntava: "Como consegui ficar tanto tempo, como consegui estragar tanto minha vida"? E percebeu que ao longo do tempo forçou-se por inúmeras razões: inicialmente sua faculdade, depois o casamento, comprou uma casa financiada, teve três filhos seguidos, tinha que pagar uma boa escola para os filhos, depois tinha que dar um carro para cada um, bancar a universidade deles etc. Enfim, percebeu também a intimação que a vida lhe deu através do enfarto: ou parava de se pressionar ou morreria. Qual a escolha que ele faria dali em diante? Momento de impasse, não é mesmo?

O que você faria? Deixaria as coisas chegarem aonde chegaram, como nesse caso?

Assim, o diferencial é o prazer de agir, de exercer esta ou aquela profissão sem impor tantas pressões somente em função do sucesso ou posição financeira, incorrendo em pagar um preço muito alto no que se refere à saúde e ao bem-estar emocional. As ações devem ser equilibradas, e não desrespeitosas ou somente impositivas, senão haverá muito pouco em nome do que viver; e este é o vazio com o qual invariavelmente a pessoa se confrontará, apesar de ter conquistado todas as coisas. Isso pode ser percebido quando nos colocamos metas e acreditamos que encontraremos o nosso valor e felicidade somente lá no futuro, no resultado, quando atingirmos as tais metas. Que doce desilusão será chegar lá e perceber que ainda assim não nos sentimos realizados e muito menos felizes! Paradoxo interessante, não? Com certeza, precisamos questionar melhor os nossos objetivos de vida.

Precisamos entender que devemos nos valorizar já, no aqui e agora, independentemente de condições ou circunstâncias. Se você não se aceita e não reconhece seu valor pelo que é, na condição em que está, como chegará lá? Que energia utilizará se já está dividido por conta de sua não aceitação? Essa não aceitação cria uma briga interna e sua natureza deixa de compactuar a seu favor justamente porque você não se valoriza e não se vê com bons olhos, não se aceita incondicionalmente.

Alexander Lowen comenta com muita propriedade: *Quando a pessoa para de lutar contra si mesma, perde sua neurose (conflito interno) e conquista paz de espírito. O resultado é uma atitude diferente, e obviamente isso a levará a um destino diferente, ou seja, essa pessoa terá coragem para viver e morrer, e conhecerá a plena realização da vida.*

Quando entendemos as leis naturais, percebemos que a vida é simples, só que o nosso ego é que complica e não aceita essa compreensão do simples. Ele valoriza o complicado, que, por si só, vai contra as leis naturais e gera um medo maior, que é o de viver.

A compreensão dessas leis, a valorização do sentir que a natureza em nós proporciona, conduz ao processo de integração, que elimina a neurose e resgata o entusiasmo de ser o que se é, verdadeiramente!

Creio que falta humildade ao homem, quando, por conta do ego, quer submeter a natureza às suas neuroses egoicas. Sair desse orgulho, dessa vaidade absurda, e desenvolver a humildade e o respeito pela sua natureza, isso sim propicia as condições de integração, felicidade e ausência dos medos neuróticos. Apesar dos pesares, de uma coisa eu tenho certeza: a natureza sempre ganha. Leve o tempo que levar a teimosia humana, a natureza sempre ganha porque é superior, mais forte e verdadeira.

Finalizando este capítulo, gostaria de inserir aqui um texto para reflexão:

Você já leva o seu ser em si mesmo. Você não precisa tornar-se nada, mas simplesmente perceber quem você é, e basta. Simplesmente perceber quem está oculto dentro de você.

Não há nada a dar, nada a obter. Tudo está absolutamente certo como se apresenta. Não há a necessidade de dar e receber. Você é absolutamente perfeito tal como é.

O que deve ser praticado, então? O ato de se tornar cada vez mais sereno. De procurar estar cada vez mais aqui. De ser feliz com você mesmo assim como é. De estar celebrando a vida.

Eu sou apenas eu mesmo. Não tenho opinião sobre mim mesmo, pois isto não é necessário. Eu simplesmente me sinto feliz com o fato de que eu sou eu mesmo, independentemente do que isso signifique. Sou feliz por eu ser eu mesmo.

— Osho

Fobias

Quando você abandona o ego, abandona todo um mundo que você criou em torno dele. Pela primeira vez torna-se capaz de ver as coisas como elas são e não como gostaria que fossem. E, quando você consegue ver a realidade dos fatos da vida, você se torna capaz de conhecer a verdade.

— Osho

A característica essencial das fobias consiste no medo persistente e irracional perante determinados estímulos fóbicos, que podem ser um objeto, uma atividade ou uma situação específica, e a presença de uma compulsão a evitá-los. O indivíduo fóbico reconhece que o medo é excessivo ou irracional, face ao perigo real que tais estímulos fóbicos apresentam.

A título de esclarecimento, algumas pessoas podem sentir medo quando não conseguem evitar o contato com aranhas ou insetos inofensivos, e isso não tem importância significativa em suas vidas; no entanto, quando o comportamento de evitação e o próprio medo se tornam fontes importantes de sofrimento, ou quando atrapalham e interferem na atividade social ou profissional do indivíduo, impõe-se o diagnóstico de distúrbio fóbico.

Os distúrbios fóbicos subdividem-se em três tipos: agorafobia, a forma mais grave e global, fobia social e fobia simples.

Agorafobia

A característica essencial deste distúrbio consiste no medo acentuado de o indivíduo permanecer em lugares públicos, aliado à sensação de que a saída é difícil ou o receio da inexistência de socorro, em caso de mal-estar súbito. As atividades normais tornam-se cada vez mais limitadas à medida que o medo e o comportamento de evitação dominam-lhe a vida. As situações mais evitadas são locais onde haja multidão, tais como ruas muito movimentadas, lojas cheias, túneis, pontes, elevadores ou transportes públicos. Frequentemente os indivíduos fóbicos insistem em ser acompanhados por alguém da família ou um amigo, sempre que têm de sair de casa. A perturbação não é causada por nenhum surto depressivo maior. Geralmente, a fase inicial do distúrbio consiste em ataques de pânico recorrentes e o indivíduo desenvolve um medo antecipado de sofrer tais ataques, relutando ou recusando-se a encarar uma variedade de situações associadas a esses ataques; existe o medo de morrer e ainda o medo de vir a ter medo, o que causa crises de grande ansiedade e desenvolve uma espécie de alerta a todas as situações ou locais onde haja uma dificuldade de encontrar saída rápida e fácil. Não é a multidão ou um determinado local cheio que é necessariamente o foco do medo, mais sim sua insegurança perante o lidar com o seu próprio mal-estar.

Quando existem antecedentes de ataques de pânico (os quais podem ser ou não atuais) associados a um comportamento de evitação, o diagnóstico é de agorafobia com ataques de pânico. Na ausência de antecedentes desse tipo, o diagnóstico é de agorafobia sem ataques de pânico. Normalmente, estão presentes no quadro depressão, muita ansiedade, rituais, compulsões de verificação ou ruminações.

Fobia social

A característica essencial deste distúrbio consiste num medo persistente e irracional e no desejo compulsivo de evitar situações nas quais o indivíduo acha que poderá ser atentamente observado por outros, aliado ao medo de comportar-se de uma forma humilhante ou embaraçosa. Há sempre uma grande ansiedade antecipatória perante a ideia de ter que confrontar uma situação desse tipo, e, por conseguinte, tentará evitá-la. Este distúrbio gera sofrimento e o indivíduo fóbico reconhece-a como excessiva ou injustificada. Esta fobia não está relacionada a nenhum outro distúrbio mental. Exemplos de fobias sociais: medos de estar em situações comuns como comer, falar ou de se apresentar em público, escrever na presença de outras pessoas. Normalmente o indivíduo está consciente de que o medo é de que outras pessoas detectem nele sinais de ansiedade na situação fóbica — medo de ser observado e criticado quanto ao seu desempenho. Por exemplo, a pessoa com receio de escrever na presença de outros preocupa-se com a possibilidade de ser detectado um tremor em suas mãos. Pode inclusive criar um ciclo vicioso, no qual o medo irracional gerará ansiedade, que por sua vez provocará inibição, dando assim uma justificação aparente para evitar a situação fóbica. A sequência desses comportamentos acaba levando o indivíduo a um isolamento cada vez maior. As possíveis causas desse tipo de fobia são: insegurança, histórico de possíveis críticas quanto ao seu valor pessoal, sensações de incapacidade e uma autocrítica bastante exacerbada.

Fobia simples

Sua principal característica consiste num medo persistente e irracional e no desejo compulsivo de evitar um determinado objeto ou uma dada situação, todavia, sem a presença da agorafobia ou da fobia social. A fobia simples acarreta mal-estar, bastante ansiedade, e o indivíduo reconhece que seu medo é excessivo e injustificado. A perturbação não é causada por outro distúrbio mental. As fobias simples são, por vezes, referidas como fobias específicas, e são comuns na população em geral; na maioria das vezes envolvem medos de animais, principalmente cães, insetos e ratos. Outras fobias simples são a claustrofobia (medo de espaços fechados) e acrofobia (medo das alturas).

As descrições acima são de caráter médico e psiquiátrico. Particularmente, diferencio medos como processos mais simples e menos sofridos, e fobias como processos mais dolorosos que, na maioria das vezes, necessitam de acompanhamento medicamentoso pois são quadros mais complicados de se lidar, por prejudicarem, e muito, a qualidade de vida de uma pessoa. De modo geral, as fobias são vistas como deslocamento inconsciente de materiais recalcados e sempre incluem grandes níveis de ansiedade. Normalmente estão presentes em pessoas que já são ansiosas, autocríticas, autoexigentes, com históricos de insegurança e sensações de incapacidade. Um detalhe que pode auxiliar muito ao iniciar-se o processo de tratamento das fobias é a aprendizagem de técnicas de relaxamento, com o objetivo de ajudar o paciente a aprender a se acalmar e acreditar no autocontrole que vem de seu interior. À medida que alguém aprende que pode se acalmar, a fobia já diminui. É preciso perceber que, da mesma forma que a fobia apareceu, ela também pode desaparecer. Por isso sempre é sugerido o acompanhamento psicoterápico, para que a pessoa possa se perceber melhor, entender as raízes de seus medos e ansiedades, para poder exercer domínio sobre seus pensamentos catastróficos, a fim de controlar a ansiedade e finalmente caminhar para a cura de seu quadro fóbico.

Níveis bastante altos de ansiedades sempre estão presentes nas fobias, com todas as suas características somáticas e que normalmente são: sudorese, enurese, palpitações, fadiga muscular, insônia, dificuldade de concentração, irritabilidade, entre outros. Estes sintomas são possíveis de ser trabalhados, controlados e curados, a partir do autoconhecimento e técnicas de centralidade, através da respiração, relaxamento, alfagenia, meditação e biodança.

Essas técnicas estão descritas no livro *Ansiedade sob controle*, que você pode consultar para mais esclarecimentos.

Assim, reiterando, as possibilidades de tratamento para os indivíduos fóbicos são: processo psicoterápico (com o objetivo de trabalhar afeto, segurança e autoconhecimento), descobrir as raízes da ansiedade e dos medos, utilização de técnicas de dessensibilização (como será exemplificado mais adiante), aprendizagem de técnicas de controle mental como alfagenia, técnicas de relaxamento, respiração e conscientização do aqui e agora. Há também a necessidade de um acompanhamento psiquiátrico, ou seja, medicamentoso, à base de calmantes ou ansiolíticos, já que a qualidade de vida de um indivíduo fóbico é bastante comprometida.

Novamente tenho que dizer que os medos são muito particulares e não podem ser generalizados. Cada indivíduo é único e o importante é que cada um tente se autoconhecer para entender seu processo de crenças, decretos de sobrevivência e as mensagens que a natureza quer lhe dar através de seus sintomas e medos. Cada um tem seu próprio ritmo, dificuldades, ponto de prontidão e momento certo para amadurecer e assumir responsabilidade por si mesmo. Por isso é que é individual, e o que pode representar um simples medo ou receio para alguém pode ser uma fobia para outro. Quando uma pessoa diz que tem medo de água, por mais absurdo que isso seja para alguém, esse medo deve ser respeitado. Precisamos respeitar e entender todos os medos. Na maioria das vezes, os medos mostram potenciais que o indivíduo tem e não reconhece em si mesmo. Como já mencionado anteriormente, na realidade alguns medos podem representar uma inversão. Exemplo: alguém pode evitar uma determinada situação por medo de ficar sozinho, sem perceber que já convive com isso, ou seja, já se sente sozinho. E aqui o medo só está pedindo que a pessoa entre em contato com sua real solidão, ou os momentos em que literalmente se abandona, não dando atenção às suas vontades e direções internas, e, na maioria das vezes, se deixando levar para não desagradar alguém ou para não querer correr riscos.

Os medos eventualmente podem ser projeções de características que temos e que não queremos ver, ou que recalcamos. Estes conteúdos podem ser projetados em animais ou insetos que tememos e podem ser características positivas ou negativas (uma pessoa pode ter muito das características de uma aranha, por exemplo).

Faça a seguinte experiência, caso tenha medo de algum inseto ou animal: imagine que você empresta uma voz ao inseto ou animal, objeto do medo, e o deixa falar de si mesmo, de suas qualidades e potenciais. Sem dúvida, você perceberá algum potencial ou talento que possui e não usa adequadamente e projeta nesse inseto ou animal. Ao lidar com isso, o medo desaparece porque você integrou uma qualidade de sua natureza através da conscientização.

Certa vez, trabalhando com uma cliente um sonho com cobras, ela declarou ter medo, asco e repugnância pelas cobras. Utilizei o exercício acima da Gestalt-terapia, que é o de emprestar uma voz ao bicho para falar de si mesmo, e ela percebeu detalhes interessantes nas cobras: flexibilidade e sensualidade, que eram aspectos muito mal elaborados em sua vida e que precisavam ser percebidos e integrados.

A acrofobia, ou medo de altura, pode significar atitudes de liberdade e espontaneidade que uma pessoa bloqueia em si mesma.

A claustrofobia pode significar o quanto alguém tem atitudes de autossufoco, quando se poda e sabota, por exemplo, quanto às suas vontades. O que é necessário neste quadro? Dar-se espaço, respeitar o que sente e gerar ações de satisfação e prazer.

Todo medo traz ansiedade, e por quê? Porque a pessoa com medo fica pensando nas possíveis catástrofes e sensações terríveis que teria se estivesse na situação fóbica. Como já vimos, o pensamento focado somente nas possibilidades negativas e catastróficas aumenta o nível de ansiedade negativa.

O ideal seria focar também a parte positiva, não querer adivinhar o futuro ou temer que as coisas ruins do passado se repitam. Novamente vemos o quão importante é dominar a mente e não se deixar levar pelas ideias catastróficas.

Um trabalho interessante com os medos e fobias, segundo a psicologia cognitiva, é o que chamamos de aproximação sucessiva, e que você pode experimentar para lidar com seus medos e ansiedades.

Peguemos como exemplo **o medo de dirigir**.

O medo de dirigir pode ser interpretado como a dificuldade de assumir as rédeas da própria vida. Já trabalhei com muitas pessoas com esse medo e a maioria delas tinha medo de se assumir, de se posicionar, de dizer o que pensavam, de colocar as rédeas da própria vida em suas mãos e de correr riscos sem a cobrança de não errar.

Voltando ao nosso exercício:

Especifique para si mesmo o seu nível de ansiedade, quantificando-o de 1 a 10. Vou exemplificar várias etapas, situando-as de acordo com o nível de ansiedade.

1. Nível de ansiedade um: entrar no carro parado na sua própria garagem.
2. Nível de ansiedade dois: girar a chave de contato e ligar o carro dentro da própria garagem.
3. Nível de ansiedade três: tirar o carro da garagem e colocá-lo de volta.
4. Nível de ansiedade quatro: dar uma volta com o carro na própria rua em que mora, acompanhado por alguém.
5. Nível de ansiedade cinco: dar uma volta com o carro na própria rua onde mora, sozinho.
6. Nível de ansiedade seis: dar uma volta no quarteirão, acompanhado por alguém.
7. Nível de ansiedade sete: dar uma volta no quarteirão, sozinho.
8. Nível de ansiedade oito: dar duas ou três voltas em dois ou três quarteirões, sozinho.
9. Nível de ansiedade nove: ir ao supermercado ou shopping próximo de sua casa, estacionar, entrar e voltar para casa.
10. Nível de ansiedade dez: dirigir sozinho por períodos e distâncias gradativamente maiores, a cada dia.

Esta quantificação é apenas um exemplo. Você mesmo pode elaborar sua própria escala quantitativa de ansiedade. A ideia é que você permaneça no mesmo nível até que não sinta mais ansiedade. No nível um, por exemplo, você deve entrar no carro e ficar respirando, prestando atenção a essa respiração, tomando consciência do seu corpo no aqui e agora, até se sentir calmo. E, em cada nível, é o que você deve fazer, ou seja, acalmar-se, e, quando se sentir calmo, efetuar o desafio em cada nível, e parar para se acalmar se a ansiedade aparecer. Que tal tentar? E, por favor, lembre-se de colocar o foco na tentativa, a cada passo, valorizando-se justamente por tentar. Veja outros exemplos e situações fóbicas no capítulo "Técnicas e dicas para dominar os medos" (Técnicas cognitivas para lidar com quadros fóbicos).

É impressionante o que conseguimos quando aprendemos a controlar nossos pensamentos, exercendo domínio e não nos deixando levar pelas ideias catastróficas. É claro que existe a possibilidade de você sair e bater o carro, porém, veja bem, esta é apenas uma das possibilidades, pois existe também a possibilidade de que nada aconteça, não é mesmo? E este domínio da ansiedade precisa ser treinado. Existem muitas técnicas para acalmar a ansiedade e que podem ser usadas quando de um ataque de pânico ou fobia; o ideal é treinar alguma dessas técnicas, justamente para lançar mão desses recursos numa crise de ansiedade ou pânico. No livro *Ansiedade sob controle — Dicas e técnicas de relaxamento, meditação, alfagenia e biodança*, com certeza você encontrará uma técnica com a qual poderá identificar-se e pôr em prática o treinamento, com o objetivo de acalmar suas fobias e ataques de pânico.

Entenda que uma crise de ansiedade generalizada ou de pânico não aparece do nada. O que acontece é que a pessoa vai somando dentro de si mesma tantos pensamentos de preocupação, cobranças, catástrofes, que um último pensamento pode desencadear a crise. Imaginemos que dentro de nosso peito existe um copinho, e, a cada atitude que temos, colocamos dentro desse copinho gotas de um padrão energético; a cada atitude de preocupação que temos, colocamos uma gotinha de medo; a cada atitude de autocobrança, colocamos uma gotinha de contrariedade; a cada atitude de autonegação, colocamos uma gotinha de frustração. No somatório desse processo, e de gota em gota, o que acontece é que uma última atitude ou pensamento acrescenta a gota que transbordará o nosso copinho, e nesse momento teremos uma crise. Deu para entender por que as crises não aparecem do nada? E que nós somos muito responsáveis pelas nossas crises, por conta de nossas atitudes? É por isso que precisamos compreender todo esse processo, nos responsabilizar e modificar as nossas atitudes no dia a dia.

Dica importante diante de ideias de medos: respire fundo, sinta e diga para si mesmo "Neste momento, nada está acontecendo e está tudo bem. Estou bem aqui e agora!"

Manias, TOC (Transtorno Obsessivo-Compulsivo)

Nenhuma mania é instalada se não houver um quadro de medo ameaçador como pano de fundo emocional, o que, por si só, desencadeia uma grande ansiedade. Por conta dessa ansiedade, a pessoa associa uma determinada atitude ou ação para apaziguá-la, e, então, fica instalado o padrão das manias.

Certas situações, em geral na infância, causam grandes medos, como lares conturbados, com muitas discussões e brigas. A criança vê, ouve e sente um perigo real num pai alcoólatra, por exemplo, que sob o efeito de álcool ou drogas chega a ameaçar a família; num momento desses, normalmente a criança se sente ameaçada em sua integridade ou sente a mãe ser ameaçada, o que indiretamente a coloca em risco. Mesmo que não haja uma ameaça explícita, há brigas e discussões, com muito barulho e tumultos, e o medo e a ansiedade aumentam. Eventuais situações traumáticas também podem gerar, subliminarmente, sensações de pânico e muita ansiedade. O nosso sistema de autorregulação orgânica acaba arranjando uma válvula de escape, que por associação se transforma em manias ou comportamentos repetitivos que servem para apaziguar a ansiedade. Assim, conforme o nível de ansiedade aumenta, o organismo cria a necessidade de fazer um movimento para dar à ansiedade uma válvula de escape.

Nesses momentos de ameaça podem ser associadas coisas que aparentemente são ridículas ou sem sentido, como balançar a perna, bater com o pé no chão, bater a mão na parede xis vezes, fazer um movimento de balanço, dar um tapinha no joelho ou bater na cabeça com o nó dos dedos. Não interessa qual seja a ação ou atitude, internamente ela serve para apaziguar a ansiedade. Às vezes, a válvula de escape pode se desencadear no físico, como urinar a cada quinze minutos ou mesmo defecar; é claro que não há conteúdo intestinal para ir ao banheiro tantas vezes, porém, a cólica intestinal faz a pessoa achar que precisa ir ao banheiro, e o próprio movimento significa "soltar", "jogar" algo que está incomodando para fora.

A criança cresce, mas o fato é que o comportamento defensivo já está instalado em seu subconsciente e, assim, cada vez que ela se sentir ansiosa pelos mais diferentes motivos, lá estará a válvula de escape e a mania se repetirá. Quem nunca sentiu em momentos de ansiedade uma necessidade de urinar a toda hora, ou tomar água, ou fumar, ou beliscar guloseimas etc? E aquele pai que só falta fazer uma valeta no chão enquanto espera sua mulher dar à luz? Estes são alguns exemplos de válvulas de escape à ansiedade.

E as manias perduram até que a pessoa tome consciência disso. É muito interessante como podemos, durante a psicoterapia, colocar a pessoa em contato com um determinado movimento do seu corpo, para que ela perceba inclusive certos tipos de pensamentos automáticos que também são manias. Não é à toa que o indivíduo acaba desenvolvendo comportamentos de cobrança ou autocrítica, conforme já foi dito; eles sempre significarão um mecanismo de defesa para algum tipo de medo ou ameaça existencial, que por si só desencadeia o processo de ansiedade.

Uma coisa importante nesse quadro é tomar consciência do que se faz e do que se pensa; tentar descobrir a raiz disso também é muito importante, se bem que sozinha a pessoa terá maior dificuldade; o ideal é identificar isso em terapia.

Outro ponto importante após a tomada de consciência é propor-se a não fazer o movimento. Por quê? Porque na maioria das vezes, um determinado movimento é associado a uma forma mágica de evitar uma ameaça ou catástrofe que está no inconsciente do indivíduo, e o que precisa ser percebido é que isso é uma neurose e que não vai acontecer nada de terrível; o fato de não pôr em prática a mania não vai desencadear nenhuma catástrofe. A mania ou movimento repetitivo serve para apaziguar a ansiedade como substitutivo para algo. Acreditar que nada de ruim vai acontecer é o início do controle das manias, e interromper o movimento automático é muito importante para que a crença neurótica seja desfeita.

Exemplo: no emocional de uma determinada pessoa existe a associação de que o ato de bater no interruptor de luz cinco vezes evitará que "algo" terrível aconteça. Ela nem sabe conscientemente o que é esse "algo" terrível, mas o comportamento ficou automatizado por conta dos medos inconscientes. De qualquer forma é importante não executar esse comportamento automatizado, justamente para fortalecer o indivíduo e desfazer a crença instalada. Já vimos no cinema um personagem que, por exemplo, não pisa em faixas escuras. Só pode pisar nas brancas ou claras. Isso pode ter sido associado para apaziguar sentimentos de culpa, ideias de morte ou perdas e outros medos até mesmo inconscientes. No momento em que esta pessoa sentir que pode contar com seus potenciais para se bancar e se perceber forte para agir nas mais variadas circunstâncias, interromperá essa mania.

Não é fácil, mas é possível, da mesma forma que vimos com o medo de dirigir, já descrito. Em cada momento de ansiedade, a pessoa precisa estar centrada no aqui e agora, e querer conscientemente correr o risco de provar a si mesma que está tudo bem e que nada de terrível acontecerá, pois é ridículo acreditar que uma simples mania tem poderes para impedir acontecimentos futuros na sua vida ou na vida de outrem. A mesma sequência de níveis de ansiedade utilizada para os medos pode ser usada nos casos de manias e TOC; inicialmente, a pessoa poderá imaginar-se confrontando a não execução da mania, então respirar até acalmar a ansiedade, repetir o processo mentalmente tantas vezes quantas forem necessárias, até que confronte a situação em si, ou seja, não agir como de hábito.

Nos quadros de TOC, que são manias mais severas que afetam a qualidade de vida da pessoa, na maioria das vezes será necessário que ela tome ansiolíticos e outros medicamentos que o psiquiatra deverá receitar.

Há um filme que mostra bem esse quadro, que é *Melhor é impossível*, com o ator Jack Nicholson. Nesse filme, o sujeito tinha a necessidade de lavar as mãos, de não tocar em nada, como se tivesse nojo ou fosse ser contaminado, e também não podia pisar em riscas do chão. E é engraçado ver como ele usava um sabonete a cada vez que lavava as mãos e ainda a água tinha que estar fervendo. No filme parece que ele conseguiu se desvencilhar de suas manias, porém, na realidade, não é tão simples, se não houver acompanhamento medicamentoso e psicoterápico, a fim de trabalhar as causas emocionais que o remédio por si só não trabalhará.

As manias num quadro de TOC podem ser muito severas, tanto que uma pessoa pode, por exemplo, prejudicar a pele de suas mãos de tanto lavá-las; outras acham que não podem tocar em nada se não desinfetarem tudo antes. Conheci uma moça que tinha essa mania, e quando teve um bebê não conseguia cuidar dele porque perdia um tempo considerável em ficar lavando as mãos e desinfetando tudo o que tocava, com medo de contaminá-lo.

Enfim, é muito importante desenvolver o treino de centralidade, que é a grande dica para o controle da ansiedade e para ajudar a controlar e eliminar as manias e comportamentos repetitivos.

Como foi citado, nem sempre há movimentos ou manias expressas apenas por uma ação, mas também podem ocorrer através de pensamentos automáticos e repetitivos, que fazem parte do processo de crenças introjetadas.

Síndrome do pânico

Pratique centralidade.
Quando você estiver sentado na grama, feche os olhos, torne-se a grama.
Sinta que você é a grama, sinta o verdor, a umidade, o aroma sutil, sinta as gotas de orvalho, sinta os raios solares que aquecem a grama. Por um momento, entregue-se, e terá uma nova sensação do seu corpo.
E faça isto em todas as situações: num rio, numa piscina, deitado na praia tomando sol, olhando para a lua à noite, deitado na areia com os olhos fechados.
Existem milhões de oportunidades para reviver o seu corpo.
E só você pode fazê-lo.
A sociedade fez o seu trabalho de corrupção dos sentidos, você terá de desfazê-lo.
E assim que começar a ouvir, ver, tocar e cheirar, então sinta-se.
Você é o centro.

— Osho

Os ataques de pânico manifestam-se pelo aparecimento de apreensão intensa, medo ou terror, e frequentemente de sentimento de catástrofe iminente.

Geralmente as crises duram minutos; é raro, mas existem crises que demoram horas. Uma complicação usual deste distúrbio é o desenvolvimento de um medo antecipatório de não poder fazer nada para evitá-lo, ou de perder o controle durante um ataque de pânico, de modo que o indivíduo se torna relutante em estar sozinho em lugares públicos ou longe de casa. É importante comprovar-se a inexistência de distúrbios físicos, como hipoglicemia, feocromocitona e hipertireoidismo, que provocam sintomas semelhantes.

Na síndrome de abstinência de algumas substâncias como barbitúricos e em algumas intoxicações por substâncias, como as causadas por cafeína ou anfetaminas, podem ocorrer ataques de pânico. Também na esquizofrenia, depressão maior ou distúrbio de somatização podem ocorrer ataques de pânico, mas, se o pânico ocorrer devido a esses fatores, não se diagnostica distúrbio de pânico. Também o transtorno de ansiedade generalizada pode ser confundido com a ansiedade crônica, que se desenvolve frequentemente entre as crises no distúrbio de pânico. Antecedentes de ataques de pânico recorrentes excluem o diagnóstico de distúrbio de ansiedade generalizada. Na fobia simples ou social, o indivíduo pode apresentar crises de pânico quando exposto ao estímulo fóbico. No entanto, no distúrbio de pânico, o indivíduo nunca tem a certeza de quais são as situações que provocam os ataques.

Critérios de diagnóstico de distúrbio de pânico:

1. Pelos menos três ataques de pânico num período de três semanas, em circunstâncias em que não tenham ocorrido exercícios físicos violentos ou situações de perigo real de vida. Os ataques são exclusivamente provocados pela exposição a um determinado estímulo fóbico.
2. Os ataques de pânico manifestam-se por períodos discretos de apreensão ou medo. Durante cada ataque, verificam-se, pelo menos, quatro dos seguintes sintomas:
   - Dispneia.
   - Palpitações.
   - Mal-estar ou dores torácicas.
   - Sensações de sufocação ou estrangulamento.
   - Tonturas, vertigens ou sensações de instabilidade.
   - Sentimentos de irrealidade.
   - Parestesias (formigamento nas mãos ou nos pés).
   - Arrepios de calor ou de frio.
   - Suores.
   - Desmaios.
   - Tremores ou estremecimentos.
   - Medo de morrer, enlouquecer ou cometer um ato descontrolado durante o ataque.
3. Os ataques de pânico não são provocados por distúrbios mentais, tais como depressão, distúrbio de somatização ou esquizofrenia.
4. O distúrbio não está associado com agorafobia.

A síndrome do pânico é considerada uma desordem de ansiedade pelo DSM-IV. Geralmente, ela é vista pelos psiquiatras como uma desordem química na fenda sináptica, condição que leva a uma depressão reativa e, por assim dizer, afirmam que geralmente as pessoas que sofrem de pânico estão sofrendo de depressão. O pânico é um estado grave e cumulativo de angústia e estresse. Alguns livros bem como alguns médicos dizem que a doença é genética e incurável, o que não é totalmente verdade, até mesmo porque essa ideia de que uma doença é genética pode levar certas pessoas a considerar que esse distúrbio não tem cura. Reconheço que não é um quadro fácil de resolver, mas é sim possível seu controle e cura.

Psicologicamente, podemos dizer que a síndrome do pânico é na realidade um quadro resultante de posturas, crenças e atitudes errôneas e inadequadas, mantidas a longo prazo, tais como:

- Cobranças, exigências intensas, que irritam e corroem o emocional.
- Medos não elaborados, autorrepressão.
- Sentimentos que são guardados, ruminados e não expressos, e que podem gerar irritação, frustração e contrariedades; sensações de inadequação.
- Ansiedade intensa, por conta de preocupações e pensamentos amedrontadores e catastróficos.

Esse comportamento, ao longo do tempo, vai se acumulando naquele copinho energético, como mencionamos anteriormente, e um último pensamento ou situação detonará a crise. Os médicos dizem que não há razão aparente que desencadeie a crise, porém, emocional e psicologicamente, acredito que uma única ideia que gere ansiedade, por menor que seja sua importância, pode transbordar o copo, como uma gota de água transborda um copo que está cheio até a boca.

A pessoa carrega, ao longo do tempo, tanto estresse e ansiedade, que sobrecarrega o sistema nervoso, o que desencadeia a desregulagem dos neurotransmissores, por excesso de estímulos e pressões, daí a necessidade de medicamentos antidepressivos para a regulagem química do cérebro.

Também é muito comum que as pessoas façam associações e passem a ter medo dos locais onde a crise aconteceu. Por exemplo, se alguém teve uma crise dentro de um carro, pode passar a não querer mais dirigir ou andar de carro. Se a crise é desencadeada num local fechado, pode passar a evitar locais fechados, como shopping centers ou bancos. Com isso, acaba evitando determinados locais, como se fossem eles os desencadeadores da crise, e pode chegar eventualmente a não sair mais de casa. Ou, para tentar diminuir o medo, acaba sempre procurando lugares onde haja uma saída fácil, e também evita sair sozinha, preferindo sempre ser acompanhada. É claro que essas atitudes não são eficazes ou suficientes, uma vez que o quadro persiste porque não foi compreendido, e aí se torna necessário um tratamento específico.

O tratamento para o controle e cura do pânico bem como da síndrome de ansiedade generalizada consiste de um processo de psicoterapia, para que a pessoa possa descobrir as raízes dos pensamentos que a colocam sob pressão, e também de um acompanhamento medicamentoso por parte de um psiquiatra ou neurologista. O procedimento medicamentoso é importante como ajuda para que haja a regulagem dos neurotransmissores, mas é importante enfatizar que só o medicamento não cura, porém ajuda a trazer a segurança necessária para o paciente que obviamente necessita desse procedimento para ativar a sua química cerebral. Paralelamente ao tratamento medicamentoso, o indivíduo precisa passar por um bom processo de psicoterapia, a fim de poder compreender o significado desse quadro, trabalhar a ansiedade, aprender a exercer controle e domínio sobre os pensamentos bem como sobre o medo das crises, porque, em geral, quem tem pânico fica condicionado a achar que vai morrer quando a crise começa. O resultado é que, quando sente pequenos sintomas que lembram da crise, a pessoa já é tomada por esse medo, o que acaba resultando numa crise completa de pânico.

Perfil das pessoas que são passíveis de desenvolver síndrome do pânico

Geralmente são pessoas que carregam crenças perfeccionistas, que se cobram e exigem muito, e não percebem o quanto se sufocam e criam autopressões por conta dessas cobranças e exigências; na maioria das vezes são pessoas que também apresentam dificuldade em falar o que sentem, não expressando suas mágoas e irritações, tampouco expressam seus sentimentos, exercendo, assim, intensas pressões internas, ruminações e ansiedades. Podem também carregar culpas e remorsos por não terem agido da maneira como gostariam e por não terem controlado a si mesmas, outras pessoas e a vida como queriam. Em essência, são autossufocadoras e pressionadoras, que não percebem o inadequado de suas posturas. Em termos de histórico familiar, podem ter sido crianças que sentiram medo e insegurança na infância, tiveram pais rígidos e repressores (pelo menos um o era), e tiveram uma formação que incluiu pressões, ameaças expressas ou veladas, distanciamento afetivo ou ausência de afetividade e rigidez comportamental. Assim, houve um aprendizado de cobranças. Essas pessoas geralmente agem como se fossem robôs, que não podem parar de funcionar, sempre carregando uma carga bem maior do que normalmente poderiam suportar. São também pessoas com ideias catastróficas sobre a vida, com muitas preocupações, colocando-se sempre no futuro, às vezes anos à frente, gerando com isso muito medo e angústia por conta do eterno foco do que pode acontecer de terrível, visualizando somente o pior. Como sempre digo, com um funcionamento emocional assim, essas pessoas acabam se tornando extremamente estressadas, descompensadas e desenergizadas, pois esse modo de proceder esgota todas as reservas mentais e físicas, gerando desânimo e o desencadeamento de sintomas psicossomáticos, bem como depressão.

As pessoas que desenvolvem a síndrome do pânico podem eventualmente ter sofrido situações reais de abandono ou rejeição, como uma gravidez indesejada. Justamente por conta desse conteúdo é que há a necessidade imperiosa dessas pessoas aprenderem a se amar e respeitar, pois não vivenciariam abandonos reais, se isso não fizesse parte do seu propósito de vida e trabalho evolutivo. O acompanhamento psicoterápico com essas pessoas é no sentido de ajudá-las a tomarem consciência de como funcionam, a fim de reaprenderem novas atitudes realistas e respeitosas, através das quais possam retirar as pressões que se impuseram, despressionando-se, desobrigando-se, com o objetivo de viverem e agirem de forma mais saudável.

Portanto, esse quadro tem cura, sim. Já trabalhei com muitas pessoas com distúrbio de pânico e crises de ansiedade generalizada que chegaram hiperdesanimadas, não acreditando que pudessem melhorar ou reverter o quadro. A partir do momento que ganharam consciência sobre o significado dos seus sintomas e quais as mensagens de seus medos, e quando mudaram efetivamente suas atitudes, deixando de ser tão cobradoras, exigentes e se tornando mais atentas e respeitosas, o pânico e a ansiedade desapareceram.

Dicas para o controle da crise

Uma medida fundamental é aprender a respirar profundamente, pois, durante a crise, a maioria das pessoas que sofre desse transtorno respira de modo superficial, o que acaba por mudar a química do sangue, o que, por sua vez, é interpretado pelo cérebro como uma situação de emergência, gerando mais ansiedade e medo. Assim, é importante treinar a prática da respiração profunda, com o objetivo de adquirir centralidade e de reduzir o nível de ansiedade. Esse treino é altamente recomendado, para que a pessoa possa lançar mão desse recurso no momento da crise de pânico. Aprender a respiração profunda e centralizar a partir disso é fundamental, uma vez que este procedimento acaba com a angústia e alivia um ataque de pânico. Há uma técnica de centralidade que eu gosto muito e que está incluída no CD *Ansiedade Sob Controle — resgatando a autoconfiança*. Parte dela, e que você pode usar como treino, é mais ou menos o seguinte:

- Feche os olhos e inicie prestando atenção em sua respiração, não mude nada, apenas preste atenção no processo de inspirar e expirar. Inspire e expire várias vezes, e aos poucos vá aprofundando sua respiração. Passe a inspirar pelo nariz e a expirar pela boca. Coloque a atenção no seu

> corpo e vá percebendo a sua cabeça, pescoço, ombros, e vá se soltando; preste atenção nos seus braços e relaxe-os, sempre tendo presente o ato de inspirar e expirar. Relaxe e solte o peito, abdome, pernas e pés. Sinta o corpo todo relaxando e soltando cada vez mais e mais. Imagine um céu bastante azul e límpido onde o ar também é azul, inspire este azul e imagine o azul entrando pela sua respiração e percorrendo todo o seu corpo, acalmando e serenando sua mente e corpo. Imagine que o ar azul entra no corpo e confere muita serenidade, e a cada vez que você expira, imagine que todas as tensões, angústias e medos são eliminados. Permaneça alguns minutos mantendo essa imaginação. Aos poucos mexa vagarosamente os braços, as pernas, espreguice e abra os olhos, localizando-se no aqui e agora.

Com certeza, depois deste tempo que pode ser de cerca de três a cinco minutos, você estará sentindo-se mais relaxado, mais leve e centrado, e aí, sim, poderá decidir o que é importante e prioritário fazer em sua vida neste instante.

Técnicas de relaxamento progressivo

O relaxamento progressivo foi criado pelo médico-fisiologista dr. E. Jacobson, e ele argumentava *que a neurose da ansiedade e outras moléstias correlatas são causadas ou agravadas pela contração dos músculos esqueletais, enquanto o relaxamento muscular produz estados fisiológicos opostos*. Sua técnica de relaxamento progressivo busca alcançar um maior controle sobre os músculos esqueletais, até que o sujeito seja capaz de induzir níveis muito baixos de tensão nos principais grupos de músculos, como os dos braços e pernas. O relaxamento progressivo é feito com a pessoa deitada em decúbito dorsal, num aposento tranquilo; também é essencial uma atitude passiva, porque as imagens mentais induzem a uma ligeira e mensurável tensão muscular, especialmente nos olhos e no rosto. Ensina-se o sujeito a reconhecer até essas mínimas contrações de seus músculos, para que ele possa evitá-las e alcançar o nível de relaxamento mais profundo possível. De fato, é interessante lembrar que a resposta do relaxamento em nosso corpo é natural, assim é importante acioná-la quando estamos tensos e ansiosos. A seguir descrevo uma das modalidades desse tipo de relaxamento.

"Procure encontrar a melhor posição... feche os olhos.

Aperte os lábios um contra o outro e observe a tensão que se produz neles. Eles estão bastante tensos... Solte-os agora e deixe-os completamente descontraídos... Afastando-os levemente, aprecie a descontração... sinta como estão bem relaxados e tente soltá-los cada vez mais.

Agora encoste sua língua com força contra a gengiva superior, por trás dos dentes e observe esta forma de tensão... ela está agora em grande tensão... retire-a de uma vez, deixando-a tomar sua posição original. Sinta o alívio que causa a ausência de pressão... que relaxando os lábios e a língua relaxa-se também a face, os maxilares, o nariz, a garganta...

Fixe a atenção no pescoço, inclinando a cabeça para trás... observe a tensão... vire a cabeça para a direita, permanecendo assim e perceba a mudança das tensões... agora vire a cabeça para a esquerda e perceba as tensões também deste lado... incline a cabeça para a frente, com força, o queixo deve tocar o peito...

agora volte à posição solta... observe como está descontraída e deixe esta sensação aumentar...

Levante seu ombro direito e mantenha-o nesta posição. Observe as tensões... solte-o e perceba o ombro esquerdo e levante-o... observe a tensão... solte-o agora e perceba a descontração não só desta região, mas também acima e abaixo dela... gire coordenadamente ambos os ombros... primeiro para a frente cinco vezes em ritmo lento... solte-os... observe a descontração que se estende às costas e ao peito... gire-os agora para trás cinco vezes, sem pressa... solte-os observando novamente as alterações que ocorrem também nas regiões vizinhas... perceba a sensação de peso nas partes trabalhadas... tente estendê-la para todo o tórax... poderá até senti-la no corpo todo.

Encolha a barriga vagarosamente, permanecendo com os músculos endurecidos... observe a tensão... solte de uma vez e perceba a expansão desta soltura...

Respire calmamente... novamente encolha a barriga... perceba a sensação toráxica... solte e experiencie como o abdome e tórax estão totalmente relaxados, e como tal estado transfere-se também para as extremidades... repita o exercício mantendo a barriga encolhida... observe agora com a barriga encolhida as tensões nas costas. Experimente soltar a barriga e perceba como se soltam as tensões das costas, juntamente com o tórax e abdome... solte então e deixe a sensação de soltura se estender ao corpo inteiro...

Respire sentindo o peso do seu corpo... as partes soltas... permaneça assim por algum tempo...

Agora abra os olhos... movimente os braços... respire profundamente... espreguice... mais... vire-se com movimentos lentos para a direita e para a esquerda... levante-se lentamente..."

Ilustrando o quadro de pânico por meio de alguns casos

C. veio à terapia com a queixa de síndrome do pânico. Tomava remédios, porém não estava conseguindo uma melhora significativa. Investigando o seu contexto emocional, seu jeito de se comportar bem como suas crenças, pude perceber que a formação de C. sempre lhe passou a ideia de ser uma pessoa bastante frágil, impotente e bobinha e isso gerou o receio de ficar sozinha. Embora fosse fisicamente "grandona e forte", sempre usou essa força para coisas materiais, como ajudar a limpar, carregar, fazer coisas pesadas etc. Apesar de ser naturalmente muito alegre e bem disposta, lá no fundo, conseguiu perceber que, se de vez em quando ficasse doente ou se mostrasse fraca, as pessoas cuidariam dela e lhe dariam afeto e carinho. Criou alguns decretos como, por exemplo: "não sou confiável", "não posso ser forte, pois, se mostrar minha força, corro o risco de ficar sem afeto e sozinha", "se não fizer o que os outros me aconselham, poderei falhar, e, se isso acontecer, sou muito fraca para assumir as consequências, logo é bom não fazer o que quero, só o que os outros querem e mandam". Imagine o quanto ela se podou e negou ao assumir esses decretos.

Há um certo tempo começou a ler muitos livros espiritualistas e de autoajuda, e é lógico que o seu nível de consciência foi mudando. Com isso, a cada dia introjetava novas verdades sobre si própria e a vida. O que não mudou, apesar da nova consciência, foram as suas atitudes, que continuavam as mesmas, ou seja, ela continuava a não se ouvir e confiar no que sentia. Há alguns anos, o marido morreu, e o seu processo de pânico começou com o medo de ficar sozinha. Como só tinha uma filha, começou a imaginar um futuro negro, com a filha abandonando-a, sem dinheiro, e entrou em fantasias e delírios altamente negativos, achando que precisava "controlar" tudo. Com o seu contexto de formação, e ao manter as mesmas atitudes, apesar da percepção de um comportamento melhor, tudo isso, é claro, foi gerando tanta ansiedade, contrariedades, autoinseguranças e raivas dentro de si mesma que o "copinho energético" dentro do seu peito ficava bem cheio e uma última ideia ansiosa o fazia transbordar. Quando começava a sentir alguns desconfortos, ficava com tanto medo que esse próprio medo ativava o cérebro ainda mais, e, assim, o cérebro recebendo a mensagem de uma situação de emergência mobilizava ainda mais todo o seu metabolismo, e a situação piorava e muito.

O trabalho com C. foi voltado para que ela compreendesse o seu contexto emocional, o quanto precisava acreditar em si mesma, autoapoiar-se e entender os decretos errôneos que gerou a partir de uma percepção errada de si mesma. E, principalmente, C. teve que aprender a respirar, e centralizar-se, para que pudesse encontrar, dentro de si mesma, a percepção da pessoa maravilhosa e capaz que ela sempre foi.

M. chegou à terapia com a queixa de síndrome do pânico. Dizia ela que "do nada" sentia um medo enorme de se sentir mal e de desmaiar. Com o tempo, foi deixando de sair de casa por causa do medo. Analisando seu contexto de vida e maneira de ser, chegamos à percepção de que era uma pessoa bastante autocobradora e perfeccionista. Ela já sabia disso, e apesar de ter consciência de suas cobranças absurdas, ainda continuava a se cobrar para agradar a todos, nunca dizer não, enfim, atender às expectativas de todos. Ora, a sua síndrome do pânico aconteceu, porque, ao ter todos os sintomas de medo, esta era a única forma e momento que ela tinha que parar e prestar atenção em si mesma. O medo que a "impedia" de sair era exatamente a sua proteção para "não ter que fazer coisas para ninguém", e, com isso, se dava um pouco de paz e espaço e não tinha que ser perfeccionista. Quando entendeu a mensagem dos seus sintomas, e quando realmente começou a se respeitar, apoiar-se e cobrar-se menos, o medo desapareceu. Interessante, não é mesmo? Como a natureza cria sintomas a fim de chamar a nossa atenção!

G. também veio à terapia com a queixa de síndrome do pânico. Embora ainda não tomasse remédios específicos, somente calmantes, sentia-se muito mal, e já começava a achar que não poderia mais sair de casa, para evitar as crises. Tinha uma grande intolerância, por exemplo, em uma fila no banco ou no supermercado; achava que era muito perigoso ter uma crise em pleno shopping, então não saía mais com as amigas. Esta cliente apresentava um contexto muito profundo de cobranças e perfeccionismo, achava que teria que ser sempre perfeita, corretíssima, corresponder às expectativas de todos, agradar sempre, ser amada e admirada por todos e, claro, nunca poderia errar. Todas essas cobranças são altamente absurdas, porém G., apesar de ter alguma consciência disso, nos últimos três anos não mudou em nada suas atitudes para consigo mesma e continuou se exigindo demais e em todos os aspectos. Imagine quantas contrariedades, frustrações, raiva, sua essência não acumulou por tantos comportamentos de autonegação, desvalorização e abandono, pois, ao sempre priorizar a vontade dos outros e o seu próprio *script* perfeccionista, é claro que ela mesma se desrespeitava e abandonava. O que pudemos analisar, em seu quadro de síndrome do pânico, foi que a crise em si, ou o medo de ter a crise, era uma boa maneira de G. não "ter" que fazer coisas que realmente considerava pesadas, chatas e que a contrariavam. Como nunca se permitiu questionar sua vontade e sempre se impôs um monte de obrigações, sem nunca considerar seu sentir, o medo de ter uma crise mantinha-a em casa, deitada, repousando, coisa que nunca se permitiu, afinal, "um ser perfeito não fica doente, não pode parar". Pode-se ver neste quadro a essência de G. desenvolvendo um quadro de doença para fazê-la parar, a fim de repensar as atitudes que vinha tendo para consigo mesma e significava o "quanto" G. precisava "dar-se um tempo" para respirar, para descansar e para viver sem tantas cobranças e imposições. Por mais incrível que possa parecer, quando sentia o medo da crise ou no tempo em que a crise acontecia eram os únicos momentos que G. conseguia parar e se dar atenção, espaço e respeito.

AM veio com a queixa de medos de praticamente tudo, mas o ponto crucial é o de contaminação, o que traduz por si só um quadro de TOC, além do pânico generalizado; pessoa dotada de um eu emocional extremamente necessitado de carinho, atenção, companhia e presença da mãe, o que não aconteceu; seus pais eram um tanto quanto egocêntricos, preocupando-se muito com a própria carreira e a deixavam solta demais. Isso gerou a necessidade de ser dirigida, nunca confiou totalmente em seus potenciais, justamente por não ter tido pontos de referência claros; aliás, sentia-se totalmente incapaz, o que não é verdade, mas esta era a sua percepção de si mesma. É claro que a forma como se via não era verdadeira, e ela teve que reconhecer isso em um casamento em que teve duas filhas e conseguiu, apesar dos pesares, ser uma mãe eficaz. Sua avó, com quem viveu bastante tempo pois a mãe morreu quando ela ainda era nova, era superprotetora, protegendo a neta do mundo que ela considerava hostil; teve professores que a humilhavam porque ela não rendia o quanto eles queriam; colegas que a maltratavam porque não reagia como todos os outros. Com um quadro emocional assim, o resultado foi uma sensação de paralisação, acrescido por conta de seus pensamentos demasiadamente catastróficos, o que aumentava o medo e a paralisavam ainda mais. Tinha medo de sujeira e contaminação; não ia ao dentista por medo de ser contaminada. Este medo, na realidade, é uma projeção: achar o mundo sujo é resultado da projeção da "sujeira" que trazia dentro de si, afinal achava-se incapaz, feia, e não achava que tivesse habilidades ou potenciais. É a desordem interna projetada no externo, tanto que só percebia o que estava desordenado.

O trabalho com essa pessoa foi no sentido de resgatar a sua natureza, que na realidade nunca apareceu de fato; ela teve que ser treinada a encontrar seus próprios pontos de referência através do sentir; precisou perceber e acatar as necessidades do seu eu emocional carente e reverter suas atitudes para se olhar e agir em prol de si mesma; e também teve que aprender a dominar sua maneira catastrófica de pensar e perceber seus limites reais, a fim de diminuir a enorme pressão que se colocava ao se cobrar controle por todas as variáveis da vida. É um histórico pesado, realmente não é fácil refazer as atitudes, tudo isso leva um tempo, mas gostaria que percebessem que é possível sair de um quadro assim e gerar saúde e equilíbrio emocionais.

MM, casada há 26 anos, desenvolveu crise de pânico e depressão, deixando de fazer tudo o que fazia: parou de trabalhar, de cuidar da casa, de ser aquela pessoa superprestativa que era com a família inteira e com as amigas, deixou de atender às necessidades do marido e do filho e embutiu-se, ficando no quarto o tempo todo chorando, amarga, com pensamentos suicidas. Veio à terapia depois de muita insistência de sua irmã. Pedi a ela que sem nenhuma crítica e aceitando o seu atual estado percebesse quais as vantagens de estar assim, o que esse estado evitava que ela fizesse ou do que a preservava. Com muita raiva e no meio de um choro convulsivo, ela respondeu: "de viver para os outros, eu estou de saco cheio, tanto me sacrificar por todo mundo e nunca, mas nunca mesmo, ser reconhecida, respeitada... amada... nem um obrigado, nada, ninguém me ouve, só me cobram"... etc.

Achei muito bom tudo o que ela disse, pois, ao desabafar, pôde perceber as reais causas de seu estado de depressão e pseudopânico; digo pseudo porque na realidade ela nunca teve pânico, apenas achava que tinha que dar uma explicação para si mesma, e achava que tinha pânico e pronto.

O trabalho com esta mulher foi incrivelmente rápido, acredito que ela estava tão saturada de tudo, que por mais incrível que possa parecer estava no ponto certo de mudar, e mudou. Começou a perceber o quanto se anulou desde que se casou, tentando agradar e satisfazer a um marido inseguro, neurótico e ciumento; chegava a separar as roupas para ele se vestir a cada momento, e ainda levava bronca dele porque ela não adivinhava que roupa ele queria vestir. E agia assim também com o seu filho, desde sempre. Puro absurdo, não é mesmo? À medida que foi reconhecendo todas as atitudes que a levaram ao quadro e a partir do momento em que começou a se dar espaço e liberdade para revê-las e alterá-las, é lógico que seu ânimo e entusiasmo reapareceram — retornou ao trabalho, fez várias alterações na casa, parou de ser escrava do marido e do filho, colocou limites para eles e para si mesma, impôs que o marido e o filho também fizessem terapia, e passou a ser a pessoa espontânea que era antes de se casar. Impressionante como é comum, apesar de neurótico, o tanto que algumas pessoas mudam porque se casam! Percebeu também que havia uma vantagem em seu quadro, que era receber atenção do meio, olhando-a com pena e lhe dando atenção. Só que também percebeu o preço dessa atenção, muito alto, por conta de sua despersonalização. Novamente vemos, a partir desse exemplo, como os sintomas aparecem como resultado de um longo tempo de autorrepressão, abandono e desrespeito. E como a melhora vem rapidamente quando o indivíduo se propõe a mudar suas posturas, apoiando-se e respeitando-se.

Através desses exemplos, vemos, então, como é muito significativo e necessário um processo psicoterápico para que a pessoa possa entender a mensagem do quadro de pânico e, como já vimos, gerar a compreensão, a tomada de consciência e a mudança de atitudes que levam à cura, pois os medos bem como os sintomas só aparecem para chamar a nossa atenção — os sintomas pedem que nos olhemos, repensemos as nossas crenças, e alteremos as atitudes que aprendemos a ter para conosco, devido à nossa formação e histórico de crenças e decretos emocionais.

É interessante observar que a maioria das pessoas que tem a síndrome do pânico apresenta um medo muito grande de perder o controle e de morrer. O medo de morrer significa, em última análise, que a pessoa já está numa espécie de morte existencial, na medida em que não está vivendo uma vida genuína, ou seja, ela já está morta existencialmente porque não se permite ser ela mesma. O medo de perder o controle significa a sua total falta de confiança na vida e na natureza atualizadora dentro de si mesma, o que gera um comportamento altamente rígido e controlado, como se fosse um robô, bem como uma total ausência de flexibilidade que significa estar em função do aqui e agora e do seu sentir verdadeiro e natural.

Podemos verificar, portanto, que a doença é sempre um caminho de evolução, e através disso a vida sempre nos impõe a busca da melhora que, invariavelmente, se encontra na mudança da percepção sobre a nossa verdadeira natureza e o entendimento das leis dessa mesma natureza. O processo é comparado ao despir os véus das ilusões para se encontrar com a verdade.

De acordo com os autores Thorwald Dethlefsen e Rudiger Dahlke, do livro *A doença como caminho, é a doença que torna os homens passíveis de cura. A doença é o ponto de mutação em que um mal se deixa transformar em bem. Para que isto possa ocorrer, temos de baixar a guarda e, em vez de resistir, devemos ouvir e ver o que a doença tem a nos dizer. Como pacientes, temos que ouvir a nós próprios e estabelecer um contato com nossos sintomas, para podermos captar a sua mensagem. A cura sempre está associada a uma ampliação da consciência e a um amadurecimento pessoal.*

E eu acrescento que o sintoma é a manifestação de algo que está reprimido, e somente através do contato e do entendimento dos sintomas e do que eles querem transmitir é que o indivíduo pode se autoconhecer. Como já foi dito anteriormente, à medida que entendemos a mensagem do que atraímos para nós, e modificamos as nossas atitudes, a cura é estabelecida, porque a situação desagradável ou a doença só permanece enquanto não entendermos o que estamos fazendo conosco. Quando isso ocorre, o sintoma, a dor e a doença desaparecem porque a mensagem foi entendida.

Importante: Ao se sentir ansioso ou com medo de ter um ataque de pânico, pergunte-se:

- O que está se passando na minha mente agora?
- Questione a validade dos pensamentos identificados e perceba que nada está acontecendo no aqui e agora.
- Substitua o pensamento catastrófico por alternativas mais racionais. O segredo está em ser capaz de abrir um leque de possibilidades mais racionais, sensatas e menos catastróficas.

Lembre-se: Nada acontece por acaso, tudo tem um motivo, e a nossa principal tarefa é assumirmos a responsabilidade, cem por cento, pelo que atraímos e pela mudança do que não mais queremos, através da percepção e da busca pelo nosso eterno melhor. E lembre-se de que a doença e as síndromes não representam punições; é apenas a vida nos lembrando, através delas, de que somos muito melhores do que imaginamos, e nos cobrando amadurecimento e responsabilidade pos nós mesmos.

Exemplos e significados de alguns medos

A essência da sabedoria é estar em harmonia com a natureza, com o ritmo natural do universo. E, sempre que você está em harmonia com o ritmo natural do universo, você é poeta, pintor, músico, dançarino, ou seja, o ser realmente criativo e original que há em você.

— *Osho*

Quero deixar bem claro que a interpretação de um medo é muito individual. Você deve se perguntar sobre o significado de um determinado medo e sentir o que ele representa para si mesmo. A interpretação que forneço para os medos que seguem é baseada na projeção e no significado metafísico de cada um.

Medo de abandono, isolamento

Podemos dizer que todos nós sentimos o medo do abandono num maior ou menor grau. Estão registrados em nosso inconsciente momentos em que nos sentimos abandonados, principalmente no período da primeira infância. Todos nós vivenciamos situações em que houve medo do abandono — pode ter sido um simples afastamento de nossa mãe num momento em que não queríamos isso, ou uma situação mais intensa, como ter se perdido num determinado local, ou até mesmo o abandono intencional, como o que acontece com bebês ou crianças rejeitadas, doadas ou que ficam sozinhas por muito tempo. Esses medos ficam registrados no eu emocional e, a partir deles, criam-se os decretos e crenças defensivas; é como se o indivíduo os desenvolvesse, como se isso fosse o preço a pagar para não mais sentir a sensação terrível de abandono que um dia sentiu de fato.

Os decretos e crenças criados normalmente envolvem atitudes perfeccionistas, através das quais, na maioria das vezes, a pessoa se cobra agradar a todos, atender às expectativas do mundo, não errar, buscando ser aceita, amada. Obviamente, são pessoas que temem ser mais verdadeiras porque acham que, se magoarem o outro, vão acabar sozinhas e abandonadas. Perceba como os decretos servem para nos proteger de medos não conscientizados. Assim, quando uma pessoa tem medo de isolamento, abandono e solidão, este medo também reflete situações repetitivas em que ela mesma se abandona e se distancia de sua natureza, incorrendo em tipos, papéis, atitudes que precisam ser repensados.

De qualquer forma, este medo é sempre trabalhado através do acolhimento e aceitação dos medos do eu emocional e da mudança de posturas, a partir das quais a pessoa preenche aqueles vazios emocionais dentro dela e se transforma num ser inteiro e que tem valor. A própria pessoa é que precisa se fazer companhia e se dar aceitação e valorização, ou seja, precisa mudar e ser autêntica e verdadeira, agindo de forma natural, sem sacrifícios.

Medo de abrir-se, liberar-se

Este é o típico medo de pessoas contidas que aprenderam a ter receio de se expor e correr riscos, muito em função da provável sensação de vulnerabilidade e das críticas que temem receber. O próprio medo mostra que a natureza dessas pessoas é mais livre e solta, e assim é importante colocar-se em contato com as vontades verdadeiras e dar espaço à expansão desse eu, que, provavelmente, foi muito podado e recolhido. É necessário trabalhar autoaceitação e ausência de críticas.

Medo de acidentes

Claro que é possível que alguém tenha sofrido um acidente e, por conta disso, venha a sentir este medo. Se houve algum acidente, é importante lembrar que é possível lidar com isso a partir do fato de que a pessoa sobreviveu, percebendo também que é desgastante ficar conjecturando se isso vai acontecer novamente; existe a probabilidade, é claro, mas também pode não acontecer. Em vez de se preocupar, é melhor prestar atenção e tomar cuidado. Se alguém presenciou um acidente e tiver medo de que isso lhe aconteça, vale lembrar que tomar alguns cuidados é bom e necessário, porém, só ficar com medo e deixar esse medo crescer a ponto de não sair de casa já é um quadro neurótico. Talvez seja necessário rever ideias de controle e vulnerabilidade que normalmente acompanham esse quadro. Lembre-se de que nem sempre temos controle de tudo, e de que é necessário rever limites, ideias de autoconfiança e força.

Talvez este medo também pode estar relacionado a processos de dependência emocional. Alguém pode ter medo de um acidente, porém o medo maior é de ficar inválido e dependente; por isso, se esse é o seu medo, reveja as dependências emocionais que você já tem. De quem você acha que depende? Comece já a agir em prol de si mesmo, faça por você o que o outro lhe faz e perceba seus próprios potenciais e capacidades. O mesmo conselho vai para as pessoas que têm medo de que sua família sofra algum acidente. Lembre-se de que também não temos controle sobre a vida de ninguém.

Medo de Água

Pode significar uma capacidade de fluência e expressão dos afetos que a pessoa reprime em si mesma. É claro que também pode estar relacionado a um processo traumático durante a gravidez ou nascimento. Por isso, é interessante investigar cuidadosamente em um processo psicoterápico. A água também pode representar aspectos de sensualidade e sexualidade que a pessoa tem dificuldade em lidar. Num contexto arquetípico, a água está relacionada à figura materna, e também à relação e aos pontos de referência que uma pessoa formou com sua mãe; também pode estar relacionada a como uma pessoa lida com suas emoções, de forma tempestuosa ou mais tranquila. O conselho aqui também é melhorar a aceitação daquilo que sente, sem críticas, e parar para entrar em contato com o que sente, em vez de tender para o racional. É deixar que as emoções e sensações fluam naturalmente e enxergar a necessidade de ser mais flexível e menos rígido.

Medo de altura (acrofobia)

Denota atitudes de liberdade e espontaneidade que a pessoa nega em si mesma, ou que lhe foram podadas. Normalmente a pessoa que tem medo de altura não tem só medo de cair, ela tem medo de não se controlar e se atirar do alto. E isso pode significar receio da própria impulsividade diante de maior liberdade e espontaneidade. Espaço e altura têm a ver com a liberdade de assumir a si mesmo, de poder se expressar e ser do seu próprio jeito, de se arriscar sem medo de errar. Quando isso é muito negado e a pessoa já tem alguma consciência, este tipo de medo pode aparecer como uma forma de lembrar que a pessoa tem potenciais e entusiasmo que não estão sendo utilizados de forma adequada. Tal medo também quer mostrar a necessidade de a pessoa desenvolver maior confiança em si mesma, bem como com relação à sua habilidade em lidar com espaço e liberdade. Justamente pela falta de autoconfiança, restringe suas ações espontâneas, só que a natureza, através desse medo, empurra a pessoa para amadurecer e assumir-se, a fim de ser mais autêntica e menos autoexigente.

Medo de ambientes fechados ou apertados (claustrofobia)

Na maioria das vezes significa o tanto que a pessoa se aperta e se sufoca em função de suas atitudes pressionadoras. Esta pessoa pode ter aprendido a literalmente "se sufocar", "a passar por cima de si mesma como um trator" por conta de suas exigências. Só que, em algum momento de sua vida, este comportamento já não é mais o seu melhor, e aí aparece o medo para que ela se lembre dos potenciais que tem e que poderiam ser usados de forma a estar do seu lado, respeitando-se e valorizando-se. Atitudes de autossufoco podem ser cobranças, desrespeito, desvalorização, negação do que sente, entre outras. Necessidade de se dar espaço. Reflita sobre como abdica ou sabota suas vontades, ações e liberdade de ser.

Medo de animais

É interessante perceber o que o animal representa para uma pessoa — ele pode, eventualmente, significar potenciais de força, agressividade, sexualidade, flexibilidade, esperteza, agilidade, entre outros. São potenciais que são projetados no animal, potenciais esses que a pessoa tem dificuldade de perceber ou assumir em si mesma. O significado é sempre pessoal e é interessante que você defina o que um animal significa para você. Tomemos como exemplo o medo de gatos. Um gato geralmente é apresentado como um ser independente, que precisa de liberdade, detesta lugares onde se sinta preso e acuado. Possivelmente uma pessoa que tenha medo de gatos precise trabalhar melhor seu livre-arbítrio e autoafirmação e perceber como é que lida com sua independência ou como tira a própria liberdade, obrigando-se, por exemplo, a fazer coisas diferentes do seu querer genuíno. Pense no significado de um animal para você, ou empreste uma voz para ele descrever-se. O que ele diria de si mesmo, com relação aos seus potenciais e capacidades? Anote isso e tente absorver essa descrição, pois esse conteúdo é seu, com certeza, senão não haveria o medo e a consequente projeção disso no animal.

Medo de arriscar-se

O medo de correr riscos, fisicamente falando, significa autopreservação, e isso é natural; de fato alguém que não se preocupa em absoluto com os riscos que poderia sofrer numa empreitada seria considerado insensato. Refiro-me aqui aos medos neuróticos de correr riscos oriundos de uma decisão ou ação qualquer. Geralmente a pessoa que apresenta este medo tem a concepção de que agir ou expor-se significa correr sérios riscos e que isso é muito perigoso; o desagradável disso é que se deixa levar, na maioria das vezes, pedindo opiniões alheias sobre suas ações. Sem dúvida, ela precisa refletir que viver já é uma exposição em que se corre riscos, e isso é natural, não é mesmo?

Arriscar-se também implica em assumir responsabilidades por seus atos — por exemplo, alguém com uma personalidade muito exigente e perfeccionista terá medo de se arriscar, pois isso criaria a possibilidade de errar. Alguém que se acha frágil e fraco também terá medo de arriscar-se, pois não se acha competente para assumir responsabilidades. Portanto, é interessante rever conceitos errôneos sobre incompetência, padrões de cobranças absurdas, checando as autoexigências, observando seus limites reais e as ideias controladoras, que, por si só, já são bastante neuróticas. É importante lembrar que toda ação oferece um risco que todos nós corremos ao longo de nossa vida. Achamos que uma situação, por ser rotineira, não oferece riscos. Bobagem, pois cada situação, por mais que a consideremos habitual, é nova, cada momento é novo. Perceba que a cada momento você está lidando com o novo, por isso é muito bom tomar consciência de que seus potenciais de arriscar-se já estão aí e você já os tem utilizado. Além disso, é interessante perceber que não temos vontades sem a capacidade de realizá-las; isso é inerente à natureza. Assim, confie no seu entusiasmo e no seu sentir.

Medo de brigas, discussões

Este medo normalmente está relacionado a situações reais na infância, quando de fato a criança presenciou muitas brigas, discussões, vozes alteradas e tumultos entre os pais ou na família. A criança é pequena e se sente bastante ansiosa, acuada e amedrontada diante dessas situações tensas entre pessoas bem maiores do que ela e aparentemente mais fortes; ela depende de pessoas que estão se digladiando e isso a coloca num estado de prontidão, imaginando o que acontecerá com ela e com aquelas pessoas de quem depende. Essas sensações são instintivas e defensivas. Haverá como resultante um grande sentimento de vulnerabilidade que é registrado como trauma no inconsciente. Depois de adulta, diante de brigas e discussões, o inconsciente a remete àquelas sensações terríveis que estão registradas, daí vem o desconforto, pois a pessoa literalmente se sente em risco como nas vezes em que passou pelo medo e ansiedade. É interessante perceber que mesmo naquelas condições, sendo pequena, frágil e indefesa, a criança sobreviveu, e agora como adulta pode, com certeza, contar com as experiências de vida adquiridas para se apoiar e suprir os buracos emocionais e carências. Há a necessidade de apoiar-se no seu próprio centro, a pessoa pode e deve falar o que sente e colocar limites para os que a rodeiam. É muito comum que a criança nessas situações tensas tenha introjetado a ideia de responsabilidade excessiva e, por conta disso, se cobre na atualidade harmonizar um ambiente, a família, obrigando-se a ser passiva e a não expressar o que sente, justamente pelo medo de gerar brigas e discussões, o que a faria novamente sentir-se ansiosa, indefesa e amedrontada. Reflita que você não é responsável pela descompensação do outro, tente não entrar numa briga com a intenção de provar quem está certo ou errado, assuma responsabilidade pelo que sente e expresse. Existe aquele ditado popular "quando um não quer, dois não brigam", certo? E, se o outro quiser brigar, você pode expressar seu respeito pelas opiniões dele, pedindo que ele respeite as suas. Normalmente as pessoas brigam por disputa de poder, por insegurança e baixa autoestima. Respire, centralize. E, se não conseguir trabalhar este medo sozinho, busque ajuda para se fortalecer e livrar-se dos traumas emocionais.

Medo de calamidades, catástrofes

Típico medo arquetípico, todos nós temos este medo num grau maior ou menor, uma vez que não há controle ou domínio sobre o evento em si. Porém, é importante lembrar que ficar pensando nisso, alimentando pensamentos catastróficos irá desencadear uma ansiedade negativa muito intensa. Controlar, dominar os pensamentos é interessante. Afinal, no aqui e agora não está acontecendo nada, lembre-se disso! Ocupe-se mais com as ações do que com as preocupações.

Medo de cirurgia, hospital

Este medo, num grau não muito intenso é natural, pois é preservador. Afinal, apesar do medo, o que importa é o motivo da cirurgia (seja ela para melhorar a saúde ou estritamente estético), lembrando que o procedimento pode salvar e não matar. O que não pode é ficar alimentando pensamentos de medo especificamente negativos, como nos riscos de não dar certo, no sofrimento, nas dores, no período de convalescença, etc. Lembre-se do motivo que leva alguém a fazer uma cirurgia, isso é o mais importante. Às vezes não se trata de um querer, mas sim de necessitar passar pelo processo.

Um outro aspecto ligado a este medo é a clássica sensação de ficar à mercê de uma situação, ou seja, de não ter controle sobre ela. Medo de perder o controle sobre algo significa neurose de domínio, ou seja, alguém com uma mente muito racional e controladora, o que é uma grande ilusão, pois realmente não temos controle sobre a maioria das situações; não temos controle nem sobre o funcionamento de nossos órgãos internos, muito menos sobre variáveis externas. Você não pode controlar o seu estômago, o funcionamento dos seus intestinos, embora esses órgãos possam ser afetados pelo seu emocional, pela sua ansiedade, mas não são controlados por sua vontade. Somente os iogues, a partir de um treino mental incrível, conseguem fazer isso. Na realidade, o controlador tem a neurose de domínio por se sentir inseguro frente a realidade, por não saber lidar com imprevistos, assim, ele acredita que tem poderes para compensar a sua insegurança. Aqui é imperioso perceber os limites reais, trabalhar a confiança em si mesmo e na vida.

Medo de cobranças

Quem tem medo de ser cobrado é porque é um cobrador, exigente e perfeccionista. Lembre-se de que tudo o que alguém lhe diz são comentários. Se você interpreta o que alguém fala como cobranças ou críticas, isso significa que você se cobra e se critica da mesma forma; o que o outro comenta encontra ressonância naquilo que já está aí dentro de você. Como não temos controle sobre as opiniões e expectativas do outro porque são reflexos dos motivos dele, é claro, o que podemos fazer é rever as nossas próprias cobranças, checar se são possíveis ou não de serem realizadas e assumir responsabilidade pelas nossas ações. Lembre-se de que ninguém, em sã consciência, erra de propósito — se houve um erro, que tal aprender com isso, e sem críticas, por favor! Ouvir os comentários de alguém é só isso, ouvir. Se você deixar isso entrar em você como crítica, é sua responsabilidade. É possível que o outro diga uma verdade, e aí é bom ser humilde, afinal, todos os comentários devem ser peneirados para que fiquemos com a nossa verdade e possibilidades reais de ação. Lembre-se que a expectativa que alguém tem sobre você é responsabilidade dele, e se você não atender a essas expectativas isso não significa erro, mas somente que você não atendeu às expectativas dele, só isso. Sem crise, ok?

Como referência, o tema perfeccionismo foi extensamente descrito no livro *Em busca da cura emocional*, que poderá ser consultado para maior entendimento.

Medo de comer

Este é um medo neurótico, pois envolve um ato de sobrevivência, que é comer. Nesses casos, é muito importante um acompanhamento psicoterápico. Já trabalhei com algumas pessoas com esse quadro. O problema, na maioria dos casos, ia muito além da queixa de medo de comer — algumas tinham medo, na realidade, de engordar, outras tinham medo de se engasgar e morrer, que era o medo principal, outras, num quadro de depressão, desenvolveram esse medo como uma defesa, perante o desagrado em viver momentos pesados em suas vidas. Medo de comer na frente de pessoas estranhas e de ser observado pode caracterizar fobia social. Cada caso é um caso, e, como o quadro é grave, deve ser encaminhado para um psicólogo e também um psiquiatra.

Medo de cometer violência

Este medo costuma estar presente em personalidades que não sabem lidar com sua raiva e agressividade, e têm medo de perder o controle. A raiva é uma energia de poder e, neuroticamente, este poder pode ser muito mal usado, podendo gerar inclusive um quadro de depressão. A explosão agressiva não acontece à toa, pois significa o transbordamento do nosso copinho energético, onde só acumulamos atitudes errôneas para com nós mesmos. É importante não criticar a explosão, mas sim rever e elaborar atitudes como cobranças, exigências e expressar mais o que se sente, elaborando as situações no dia a dia, sem acúmulos desnecessários. Quem tem medo de cometer violência precisa perceber que já as comete consigo mesmo, e se trabalhar o seu valor e confiança perceberá que somente agirá com seu coração. No livro *É tempo de mudança*, há um capítulo que discorre como transformar a raiva em autoconfiança, que você pode consultar.

Medo de complicação da doença

Este medo pode embutir o medo da morte, o medo de sofrer. Veja o item "Medo de doença — Hipocondria".

Medo de condenação

Quem tem medo de ser condenado já se condena, quando não se aceita como é, quando se critica e faz exigências absurdas.

Normalmente são personalidades que querem atender às expectativas do mundo, querem ser consideradas certinhas para receber apreço, aceitação e consideração do outro. São pessoas alienadas delas mesmas e estão muito distantes da verdade de seu sentir; também podem trazer uma grande culpa, alimentada pelo grau absurdo de autoexigências e que embutem uma enorme insatisfação com o seu desempenho. Ver o item Medo de cobranças.

Medo de contato social

Idem ao medo de ser expor, abrir-se e liberar-se. É possível também que haja um medo neurótico de contato, por medo de doenças, de contaminação, o que caracterizaria um quadro de TOC ou de fobia social, quadros esses que exigem acompanhamento psicoterápico e psiquiátrico. É possível que esse medo também represente uma grande sensação de insegurança, vulnerabilidade, fragilidade e indefensabilidade para uma pessoa; por conta disso, tenderá a evitar contatos, compromissos ou exposições. Como já foi dito, os medos são bastante particulares e é sempre bom tentar sentir o que de bem terrível poderia acontecer quando em contato com o estímulo que causa medo, e daí perceber o que está por trás da sensação de medo.

Medo de decidir (indecisão)

O indeciso é um cobrador, e na maioria das vezes não decide por medo de errar, pois errar pode significar desagradar alguém, o que levaria ao medo do abandono; errar também pode ser percebido como fracasso e, para evitar isso, não decide nada. Pode significar ainda o receio de assumir responsabilidades e, assim, não decidir ou ficar em cima do muro é mais seguro. São pessoas com históricos emocionais que dificultaram o desenvolvimento da autoconfiança e que também não foram treinadas para serem seus próprios pontos de referência. A indecisão também demonstra medo de mudanças, medo de perdas. Aqui é interessante que a pessoa perceba que perante uma decisão sempre haverá uma perda, e manda o bom senso que a decisão seja baseada em ganhos. Assim, é necessário focar os ganhos e vantagens de uma determinada alternativa, e não somente as perdas. De fato, é interessante refletir e perguntar-se, sem críticas, qual a vantagem que existe em não decidir, do que isso o preserva ou protege? Quais os riscos que se corre ao tomar uma decisão? No livro *É tempo de mudança*, há um capítulo sobre como transformar a indecisão em ação pura, que você pode consultar para melhor entendimento.

Medo de dentista, médico

Estes medos são arquetípicos, uma vez que dentista e médico são estímulos externos que podem significar invasão e, assim, o medo preservador entra em ação — é como nos colocarmos na mão de alguém, sem controle sobre o que o outro vai nos fazer. O importante é focar os motivos que nos levam a um médico ou ao dentista. Se houver antecedentes de péssimo atendimento, é bom tomar referências sobre um bom profissional. Enfim, quando esses medos se apresentam exagerados, na forma de pânico, podem, na realidade, significar sensações intensas de vulnerabilidade, falta de autoconfiança, pânico pela sensação extrema de indefensabilidade. Indivíduos assim carecem de acompanhamento psicoterápico, treino de auto-hipnose, relaxamento e eventualmente hipnoterapia.

Medo de desgraças

Vide o medo de calamidades e catástrofes. O aspecto neurótico deste medo é a visão extremamente negativista que uma pessoa pode ter da vida; também pode significar baixa autoestima, situação em que visualizar-se feliz é proibido, não merecido. É mais fácil ter medo de que possa acontecer uma desgraça, assim a pessoa já torna o seu aqui e agora horroroso, sofrendo por antecedência, achando, com isso, que está se preparando para o pior. Ora, quem acha que tem que se preparar para algo ruim já convive com a ansiedade negativa, já está negativo. É interessante ponderar que, da mesma forma que existe a possibilidade de acontecer uma desgraça, existe a possibilidade de não acontecer. Se você ficar no aqui e agora, centrado nas suas possíveis ações, e percebendo que não pode adivinhar o futuro, não estará ansioso, pelo contrário. Necessidade de trabalhar a autoestima, vulnerabilidade frente ao novo e autoconfiança.

Medo de desafios

Idem ao medo de errar e assumir responsabilidades.

Medo de destruição

Idem ao medo de calamidades e catástrofes. O medo da destruição também mostra rigidez de caráter, falta de flexibilidade, insegurança. A destruição exterior pode ser a projeção de conflitos interiores, bem como sensações de impotência no que se refere a mudanças, embora tudo isso também mostre uma necessidade natural de mudar a si mesmo ou as coisas ao redor. Necessidade de flexibilizar, perceber os pontos de conflito e agir objetivamente.

Medo de destruição do ego, despersonalização

Aparece em personalidades frágeis emocionalmente, fracas e vulneráveis. Vide o item Medo de insanidade. Aconselho acompanhamento psicoterápico nesse caso.

Medo de dirigir

O medo de dirigir pode ser interpretado como a dificuldade de assumir as rédeas da própria vida. Já trabalhei com muitas pessoas com este medo e a maioria delas tinha medo de se assumir, de se posicionar, de dizer o que pensavam, de colocar as rédeas da própria vida em suas mãos e de correr riscos sem nenhuma cobrança absurda. Vide roteiro da psicologia cognitiva para este tipo de medo, no capítulo "Técnicas e dicas para dominar os medos".

Medo e mania de doenças (hipocondria)

Podemos relacionar o quadro de hipocondria ao medo da morte, e o medo da morte quer mostrar o quanto a vida está ruim e assim não vale a pena viver. De maneira geral, quem apresenta o quadro de hipocondria são pessoas normalmente capazes, só que bastante autocobradoras, e que criaram uma ideia associativa de que só poderiam receber atenção se tivessem alguma dor ou doença. Ao mesmo tempo que existe uma carência emocional desde a infância, essas pessoas carregam uma espécie de decreto que lhes impõe a necessidade de serem muito corretas e autoexigentes, e também acreditam que seu valor está no que fazem e não no que são. Não fazer nada é inconcebível, e entendem que não podem se respeitar e dar atenção, a não ser que tenham algum problema (sintoma ou doença). É um quadro conflituoso, pois de um lado está a carência de atenção que pode ser atendida caso fique doente. Só que ficar doente embute o medo de morrer. O medo de morrer significa que a pessoa não está vivendo autenticamente a vida que gostaria de viver. Ficar doente também representa erro, ineficiência, o que não combina com uma personalidade perfeccionista. Eventualmente, o que ocorre é que, quando se dão um pouco de atenção e suspendem sua autocobrança, entram num sentimento de culpa muito grande.

O medo de morrer existe como uma forma de lembrar que é necessário viver de maneira mais solta e espontânea, doando-se carinho e respeito. Mas isto soa como algo ameaçador, pois essa ação desencadearia o medo de reprovação, por desagradar o outro e de se sentir abandonado pelo outro. A morte, por outro lado, representa uma espécie de libertação de seu sofrimento constante, por conta da energia gasta no processo de autotortura, e também com os medos de ter que preservar o *status quo* em que se colocou e em manter as atitudes que aprendeu a ter. Parece complicado, não é mesmo? Para vencer o medo, o hipocondríaco precisa aprender como funciona, perceber seus conflitos e as crenças conflituosas e errôneas que carrega. Precisará criar disciplina mental e muita centralidade para controlar seus pensamentos catastróficos. São recomendados exercícios de respiração, meditação, biodança e contato com a natureza, bem como o trabalho com o elemento terra, para desenvolver ação objetiva e suprimento emocional.

Elucidarei este quadro com um exemplo: o caso MR. Esta pessoa teve uma educação que, segundo sua opinião, foi muito largada, pois a família era grande, com muitos irmãos, e a mãe não lhe deu a atenção e o carinho que precisava. Ao longo do tempo, percebeu neuroticamente que somente recebia a atenção de sua mãe quando estava doente. Cresceu, casou-se e teve dois filhos, aos quais devotou um cuidado muito grande, agindo com eles da mesma forma que gostaria que sua mãe tivesse feito com ela. Com isso, sem perceber, sobrecarregava-se demais, preocupava-se excessivamente, cansava-se muito com todo o trabalho que se cobrava fazer, pois nada podia estar fora do que ela considerava um ideal de perfeição. Criava com essas atitudes um imenso desrespeito por si mesma e muita irritação por conta de suas cobranças, exigências e excesso de responsabilidade, que achava que tinha que ter com os filhos e com sua família. Ela sempre se colocava no lugar do outro sofrendo por antecipação, cobrando-se suprir os menores detalhes para que o outro não sofresse ou tivesse algum desconforto. O grande erro disso foi, é claro, mimar demais os filhos, impedindo-os de perceberem seus próprios potenciais para se bancarem. Gerava uma sobrecarga imposta por conta de suas posturas rígidas, criando um estresse constante; e seus sintomas, na realidade, eram psicossomáticos, gerados pela ansiedade e pelo desrespeito para consigo mesma. Só que, a cada mal-estar, a cada sintoma, ela gerava em si um pânico muito grande, que era o medo de morrer. E se morresse? O que haveria de terrível nisso? Questionada sobre o assunto, em nenhum momento ela demonstrou preocupação consigo mesma, mas sempre com os filhos, afinal "como é que eles viveriam sem ela?". Quando fez essa colocação, eu a fiz perceber o quanto é que ela não vivia sem eles, e projetava neles suas carências, porque eles eram o foco principal e era através deles que ela se sentia e se supria. Neuroticamente, é claro.

O medo de morrer também mostrava o quanto sua natureza estava cansada daquele jeito neurótico de viver a vida, e o medo queria mostrar-lhe isto, o quanto ela precisava mudar tudo em sua maneira de se ver, de ver a vida, e precisava assumir maior responsabilidade por si mesma, cuidar do autoabandono que ela mesma criou através da extrema dedicação para com os filhos, para com os outros e nunca para consigo mesma. Havia um histórico emocional real de abandono por parte da mãe que ela não teve, e esse vazio emocional sempre esteve lá e só aumentava, por conta de cada atitude de desrespeito e cobrança para consigo mesma. Sua natureza pedia: "pare e se olhe"; quando ela não se sentia bem, parava por momentos ou horas e se dava um pouco de atenção, só que aí caía no medo de morrer, na catástrofe que, a seu ver, aconteceria com os filhos se não a tivessem mais. Esses pensamentos só aumentavam a sua ansiedade negativa e mal-estar, formando, assim, um círculo vicioso, que só se rompeu através da psicoterapia, de seu autoconhecimento e mudança de atitudes.

Resumindo, a hipocondria informa que a pessoa já convive com uma doença, que é justamente tentar ser uma coisa que ela não é; que sua alma está cansada do tipo de vida que a pessoa vive, e impõe, através do medo, a necessidade de mudanças urgentes de atitudes, posturas, a fim de gerar compreensão, atenção e respeito por si para suprir os vazios e carências emocionais de sua criança interna ou eu emocional.

Medo de doença restritiva

O medo de ficar entrevado ou dependente de alguém informa quanto a pessoa já se trava, poda ou bloqueia, através de posturas e atitudes bem como o quanto ela já é uma dependente emocional. Aqui a necessidade é de assumir maior responsabilidade, tomar conta de si mesma e de bancar suas vontades e sonhos genuínos.

Medo de dormir, sonhar

Na maioria dos casos, este medo representa excesso de ideias controladoras e preocupações. Impõe a necessidade de rever limites. O medo de sonhar representa a resistência em entrar em contato com as mensagens do inconsciente, que sempre nos informa, através de nossos sonhos, o que fazemos e causamos para nós mesmos. Nem sempre o pesadelo tem uma mensagem ruim. Cito, como exemplo, o caso de um cliente que tinha pesadelos recorrentes com cobras. Ele sempre associou as cobras com falsidade e traição, e sempre achava que os sonhos lhe informavam que alguém o estava traindo, provavelmente sua esposa, que era o foco de sua dependência emocional. Usando o exercício de projeção da Gestalt, ao dar uma voz para a cobra de seus sonhos, ele pôde perceber que, de fato, havia uma mensagem de falsidade e traição, só que era dele para ele mesmo. Na verdade ele se traía, era falso consigo mesmo, porque nunca, nunca mesmo, fazia algo para si próprio, a não ser indiretamente, pois percebeu que, ao viver para agradar sua mulher, na realidade ele esperava que ela lhe devolvesse o favor e lhe desse todo o carinho e atenção que eram as necessidades do seu eu emocional. Ele nunca expressava o que sentia, nunca se colocava, pois achava que iria desagradar.

Esse homem perdeu a mãe com seis anos de idade. Houve um abandono, uma perda real e emocionalmente passou a eleger mulheres para supri-lo no lugar da mãe que não teve presente. Teve várias namoradas, sempre se comportando como um supercarente, casou-se e achava que sua mulher tinha que cuidar dele. A cobra também lhe mostrou potenciais de sedução, sexualidade, flexibilidade e confiança que nunca considerou em si mesmo. A partir do momento que compreendeu a mensagem de seus pesadelos com cobras, não mais sonhou com elas. Interessante, não? Assim, todo sonho — mesmo que seja um pesadelo, tem uma mensagem do inconsciente. Analise a sua sensação dentro do que acontece no sonho; digamos que a sensação seja de angústia. Pense na sua vida atual, e tente perceber que situação ou aspecto que está gerando angústia. Tente perceber como está conduzindo a situação no momento e sinta (de coração) o que gostaria de fazer de forma diferente à que está tendo. Lembrando que a sensação de angústia é uma maneira de a natureza mostrar que suas posturas atuais não estão corretas para o seu jeito genuíno de ser. Por isso, mude, pense em novas maneiras, de preferência mais autorrespeitosas e prazerosas.

Medo de drogas, intoxicação

De certa forma, esse medo é bem saudável, pois impõe cuidados com o que ingerimos. Todavia, o medo de tomar remédio pode significar um receio de perder o controle, de ficar fora do ar. Como cada caso é um caso, pergunte-se o que de bem terrível aconteceria se a situação temida acontecesse. Aquilo que visualizamos de bem terrível, de certa forma, é algo com o qual já convivemos ou temos que olhar melhor. Se o medo for de perder o controle, é interessante rever ideias controladoras e perceber que não temos, na maioria das vezes, o controle que desejamos ou achamos que temos. Se o medo for que alguém em sua família se torne um drogado, é interessante rever padrões de culpa e de controle excessivo também. É mais interessante focar uma ação específica do que só ficar com medo. Por exemplo, se você tem medo de que seu filho esteja se drogando, observe-o melhor, cheque suas coisas, seu quarto, converse francamente sobre seu medo e jogue para ele a responsabilidade que ele tem perante sua própria vida. É mais sensato compartilhar os nossos medos delegando responsabilidade, do que nos cobrar controles que definitivamente não temos. Lembrando que cuidar e dar atenção são coisas naturais, porém não garantem que com isso tenhamos controle sobre o outro. A ação de uma pessoa **sempre** está relacionada com seus próprios conteúdos internos, por isso, perceba que definitivamente não temos controle sobre as ações de ninguém. Com certeza podemos expressar o que sentimos, aconselhar, tentar direcionar, porém controlar ou mudar o outro não é possível. O outro muda quando toma consciência de suas atitudes, e isso quando quiser e estiver pronto para mudar.

Medo da dor

Considero este medo bastante natural. Ninguém gosta de sentir dor, e por a temermos nos impomos um cuidado melhor. Todavia, este medo pode significar uma sensação de vulnerabilidade que está sendo confundida com fraqueza ou fragilidade. É importante perceber que o estado de ser sensível não significa necessariamente ser fraco ou frágil. E é interessante não confundir sensibilidade com suscetibilidade, ou vulgarmente, "casquinha de ferida", que é aquela pessoa que se condói por tudo, o clássico mimado; também pode traduzir uma postura de dependência emocional, refletindo a dor da perda. É necessário checar se já não há uma dependência de alguém ou de alguma situação; checar também se já não existe a necessidade de se desapegar de pessoas, ações ou situações. Enfrentar a dor de cada acontecimento é sinônimo de amadurecimento, pois não existe inexistência da dor; esta é a maneira de a natureza nos informar sobre nossas ações. Existem casos onde certas crianças nascem sem sensibilidade à dor, e isto coloca as suas vidas em risco o tempo todo. Percebe por que a dor é importante? Há um ditado budista que diz: "A dor é real, mas o sofrimento é opcional".

Talvez o medo da dor esteja sendo confundido com o medo de sofrer. Só que, na realidade, o sofrimento é causado ou piorado pela maneira como lidamos com as situações, como por exemplo quando não aceitamos as coisas como são, quando nos cobramos absurdos, quando não percebemos nossos limites reais etc. Este assunto foi muito bem explicado no capítulo "transformando o sofrimento" do livro *É tempo de mudança,* que você pode consultar.

Medo de empreender

Idem ao medo de se arriscar.

Medo de envelhecer

Parece-me que este medo está muito ligado ao mimo, ao não aceitar as leis da vida como elas são. O envelhecimento é uma fase, e só passa por ele quem não morreu antes. O que você prefere? Morrer ou envelhecer? Este medo pode estar ligado a ideias de limitações que fazemos sobre a velhice. Se for isso, perceba os limites que já se impõe, através de suas posturas. Já tive clientes jovens com posturas velhas, e velhinhos bastante joviais. Lembre-se de que ninguém pode colocar limites para você a não ser você mesmo, se você deixar, ou se ceder. Na fase do que chamamos velhice, sempre haverá um jeito peculiar de cada um vivenciá-la e, se você for fiel ao seu sentir, saberá o que pode ou não, o que lhe faz bem ou não. E isto é o que deveríamos refletir a cada dia, não só na fase do envelhecimento. A menos que alguém coloque o seu valor apenas em sua jovial aparência, não terá medo de envelhecer. É bom lembrar que velhice não significa necessariamente decrepitude; particularmente encaro o envelhecer como seletividade, as pessoas ficam mais seletivas, percebem melhor o que lhes faz bem, deixam sua sabedoria mais aflorada. O valor de uma pessoa está no ser tudo aquilo que é, e não somente na aparência, na beleza física, ou num aspecto de sua personalidade. Reflita sobre isso!

Medo de errar, de falhar

Geralmente quem tem medo de errar, de se expor e de falhar, embute também o medo de ser criticado; normalmente carrega crenças, decretos e defesas embutidos, através dos quais a pessoa acredita que, se errar, se for criticada, deixará de ser "o modelo adequado" que se cobra ser, e correrá o risco de "ser rejeitada ou abandonada". Vemos aqui o quanto esse tipo de medo é preservador, pois "protege" a pessoa perante o maior medo que é o de ser abandonada e rejeitada. Será muito interessante que percebamos o quanto é impossível não errar, uma vez que o erro faz parte do treino e da aprendizagem; portanto, não é errado errar. De fato creio que aquilo que chamamos de erro é um resultado diferente do que esperávamos, não é um erro — é um resultado específico com o qual podemos aprender algo a mais, experiência esta que levaremos ao próximo passo, à próxima etapa de uma determinada ação. Sempre digo que quem erra de fato é o bandido, que sabe o que está fazendo e persiste no erro propositalmente. Assim, nossos erros não são calculados, propositais ou de má-fé. É nisso que precisamos pensar antes de nos criticarmos indevidamente e nos cobrarmos uma perfeição que ainda não existe. Se você não erra de propósito, tente aprender algo com o resultado gerado e continue, tente novamente, persista e, por favor, não se cobre para não errar. O ideal é estimular-se a agir da melhor forma que puder, e perceber que esta ação não tem que ser perfeita.

Medo de escuridão, do escuro

É interessante checar quais são as sensações terríveis quando você está no escuro. O que você sentir provavelmente é o que já se causa. Por exemplo, se disser que no escuro se sente sufocado, observe como você se sufoca, o que se exige e se cobra em demasia. E o que você faz para gerar esse sufoco? O que a escuridão é para você? Se soar como algo desconhecido, é possível que seu medo seja do novo, do que vem pela frente. Reflita sobre o que foi colocado no capítulo "O incoerente medo do novo".

Medo da noite

Sem dúvida, o significado é bastante individual, porém, no geral, o medo da noite engloba uma série de receios mal elaborados quanto à passividade, medo de relaxar e receio de entregar-se. Podem ser pessoas com sensações intensas de vulnerabilidade e fragilidade que se sentem expostas perante a ideia de perderem o controle sobre pessoas ou situações, ou quando não se sentem no comando. Interessante explorar este medo num processo de terapia, a fim de beneficiar o processo de soltura genuína de si mesmo.

Medo de estar ou ficar só

O que significa estar só, sentir-se sozinho? O que é difícil nesse estado? Do que sentirá falta? Perguntas como estas são importantes para que tente identificar o que já acontece no aqui e agora de sua vida. Por exemplo, verifique como é que se coloca só, como é que se abandona, como é que não se olha ou se banca. Tudo o que você sentiria se ficasse só representa suas necessidades e vazios emocionais, e, assim, é interessante que os perceba e comece a agir em prol desse suprimento, por si mesmo. Lembre-se que o estado de estar só é natural, a solidão só é sentida como ruim quando o indivíduo estiver muito afastado de si mesmo e do seu sentir. No livro *É tempo de mudança*, há um capítulo sobre o assunto — "Transformando solidão em autocompanhia".

Medo de exames, provas

O que de bem terrível pode acontecer? Verifique a sensação, pois é aquilo que já acontece em sua vida. Se o grande medo é fracassar, em que já se sente fracassado? Qual o grau de exigência que tem para consigo mesmo? É coerente? Possível de ser realizado? Assuma-se. Veja também o item "Medo de errar".

Medo de falar em público

Idem ao medo de se expor. A pessoa, na maioria das vezes, tem medo de apresentar um desempenho ruim e de ser criticado, de gaguejar ou de ter um "branco" na memória. Ora, é importante perceber que ninguém tem um péssimo desempenho porque quer, e, por outro lado, não pode se cobrar a responsabilidade de agradar a todos os ouvintes, pois cada um pode ter uma expectativa diferente. O ideal é, em vez de focar esses detalhes que não estão sob seu controle, usar sua energia para elaborar o que vai falar, exercer centralidade, pois o que atrapalha realmente são as ideias catastróficas e cobradoras que essa pessoa em questão cultiva em sua mente. O medo exagerado pode ser uma fobia social. Ver capítulo específico.

Medo de fantasmas, de ver espíritos

Esse é um medo bem interessante, pois todos somos espíritos, e é como se tivéssemos medo de nós mesmos, de nossa transcendência; um desencarnado não pode fazer mal, talvez apenas assuste, pois nem sempre tem uma aparência luminosa, não é mesmo? Tal medo pode mostrar a quem o tem uma natureza livre, o quanto detesta obstáculos, o quanto tem uma mente questionadora e pode estar se podando nestes aspectos. Reflita sobre o assunto.

Tomemos como exemplo a utilização de uma das técnicas da Gestalt, que é dar uma voz ao objeto do medo, com um cliente que apresentava um medo enorme do escuro, porque nessa situação haveria a possibilidade de ver algum espírito, ideia esta que lhe causava intenso pavor.

Lourdes: *Imagine-se deitado em sua cama, em seu quarto, no escuro, e de repente você abre os olhos e vê um espírito. O que você sente, o que há de bem terrível nisso?*

Cliente: *Credo, Deus me livre, é pavoroso, horrível!*

Lourdes: *Imagine que o espírito se aproxima de você, está bem perto... O que você sente de bem terrível?*

Cliente: *A pior coisa é que me sinto totalmente paralisado, dominado...*

Lourdes: *Sinta, qual a pior sensação em estar paralisado? O que há de bem terrível nisso?*

Cliente: *A sensação de falta de movimento, de que alguém possa me comandar, entrar em mim.*

Lourdes: *Agora pare e sinta, como é que você faz isso com você? Como você se paralisa? Como é que deixa as pessoas comandarem você? Como permite que as pessoas o invadam?*

Aqui o cliente começa a tomar consciência de suas atitudes de permissividade, porque tinha hábitos e crenças, através dos quais acreditava que precisava ser muito bonzinho, precisava fazer de tudo para os outros, não poderia desagradá-los, pois correria o risco de ser rejeitado e abandonado. Essa era sua crença, e, com isso, durante muito tempo em sua vida, deixou-se guiar pela vontade dos outros, deixou-se criticar, invadir e paralisar porque nunca fazia as coisas que tinha vontade.

Outra forma interessante de trabalhar os medos é ser o personagem que tememos. No exemplo acima, propus ao cliente ser o espírito.

Lourdes: *Seja o espírito, dê uma voz para esse espírito que você tem medo. O que ele diria de si mesmo?*

Cliente: (falando como se fosse o espírito) *Eu sou muito poderoso, eu posso passar através das portas e paredes, eu sou transcendental, ninguém pode comigo, ninguém pode me pegar, eu sou incrível...*

Aqui, pedi ao cliente que ele começasse a assumir o quanto ele mesmo era tudo isso que o espírito "havia dito", e ele pôde perceber quantos potenciais realmente tinha, que até usava para com as pessoas que o rodeavam e nunca para consigo mesmo. Este é um exemplo de integração através da identificação com o que o indivíduo teme.

Medo de fazer algo terrível (descontrole)

Não temos certos controles que gostaríamos de ter, por exemplo, sobre os motivos das ações dos outros ou sobre os processos de mudanças das pessoas; cada um é do seu próprio jeito, agindo por conta de seus próprios motivos internos, e ninguém muda porque queremos; a pessoa muda quando, e se quiser, e estiver pronta para isso. Não é por expressarmos o que sentimos que o outro vai agir do jeito que queremos, embora falar o que sentimos seja muito adequado e importante. Assim, o indivíduo que tem medo de perder o controle, muito provavelmente, é um controlador de si mesmo e se deixa controlar pelas expectativas do outro. Deixar-se controlar ou controlar-se demais sobrecarrega o sistema (lembre-se do copinho energético) e, a cada atitude de contenção, há um acúmulo que vai acabar saindo, numa explosão, seja de raiva ou de choro convulsivo. E isso só acontece para equilibrar o nosso sistema emocional, caso contrário, correríamos o risco de sofrer um infarto ou AVC, o que acontece, lamentavelmente em pessoas muito controladoras e contidas. Toda vez que você, porventura, sentir medo de se descontrolar, significa que anda se controlando demais, ou seja, negando suas emoções e não dando o devido encaminhamento a elas. Temos que aceitar e elaborar o que sentimos, e dar um encaminhamento, ou seja, gerar uma ação coerente e que nos seja vantajosa.

Há pessoas que acham que devem controlar sua raiva. Isto é errado. A raiva pode estar mostrando como a pessoa está se exigindo ou impondo comportamentos que não está a fim de manter. Aceitar o que sente seria o mais adequado; elaborar e assumir responsabilidade porque ela mesma gerou a sensação de raiva; dar o encaminhamento seria exatamente desobrigar e se conceder liberdade e o benefício de uma ação mais respeitosa e prazerosa. Se esta pessoa só ficar com raiva, poderá usar esta energia de poder (raiva é poder) contra si mesmo, por exemplo, dando um murro na parede e quebrando a mão. Não seria uma bela asneira? O ideal ao aceitar a raiva é dar um encaminhamento positivo e construtivo, como desobrigar-se, colocar limites para si e para o outro, expressar o que sente etc. Veja mais dados sobre como lidar com as emoções, no livro *Equilíbrio emocional — Como promover harmonia entre sentir, pensar e agir*, e também no livro *É tempo de mudança*, capítulo "Como transformar raiva em autoafirmação".

Medo de fracassar

Certo receio de fracassar até certo ponto é normal, pois ninguém quer fracassar num determinado empreendimento ou meta. Só que o medo de fracassar pode ser tão grande que impede a pessoa de ao menos tentar começar algo. Logo, é interessante questionar as cobranças e exigências de garantia de sucesso, bem como os pensamentos catastróficos, e tentar fazer o possível, uma coisa de cada vez, sem atropelos. Este medo também pode refletir o quanto alguém já se sente fracassado na vida. Já ouvi muitas pessoas dizerem que se sentem fracassadas porque não são tão bem-sucedidas como o fulano ou o beltrano, e aqui existe uma comparação. Outras se sentem fracassadas com relação aos seus próprios ideais. Alguém pode dizer: "Puxa, Lourdes, me sinto um fracassado, pois já tenho 42 anos e eu já deveria estar estabilizado na vida, deveria já ter um apartamento meu, esposa e filhos etc". Eu sempre respondo o seguinte:

"Por que será que sua vida está como está? Não lhe parece que, a cada momento, você reagiu e agiu exatamente da melhor maneira, em cada circunstância ou situação? Pense que se soubesse agir diferente, não o teria feito?" A pessoa precisa assumir a responsabilidade de perceber que, a cada momento, realmente fez o melhor que podia e deve aceitar a realidade, o momento de sua vida como é. A partir do momento que toma consciência dos porquês de suas ações, ainda pode rever as metas idealizadas. E, se ainda for importante conseguir uma casa e uma família, pode e deve se mobilizar para ir atrás de suas metas; o que não pode, terminantemente, é ficar se criticando pelo que não conseguiu, pois a crítica e a indignação constantes só atrapalharão e dividirão a energia de ação. O fracasso é relativo, pode apenas significar que um resultado saiu diferente daquilo que você esperava. A ótica com a qual vemos as coisas e a nós mesmos é a chave para gerar integração interna ou cisão e conflitos. Reflita!

Medo de frustrações

Este medo é relativamente normal. Ninguém quer ficar frustrado, mas reflita que sinônimo de equilíbrio é saber trabalhar e lidar com as frustrações porque são naturais e estamos fadados a elas. O que não se pode é temer tanto a frustração, a ponto de não se permitir dar o primeiro passo para alguma ação. Lembre-se de que medo demais paralisa. O medo de frustrações é a neurose do perfeccionismo, a ideia de que nada pode sair diferente do idealizado. Que pretensão, não? O medo de frustrações pode embutir o medo de se sentir errado, culpado, porcaria, sem valor, que seriam aquelas conclusões fatais que mencionamos anteriormente. Reflita na pior sensação que teria perante uma frustração, a fim de detectar as crenças centrais negativas. De qualquer forma, o correto é não criar muitas expectativas nem sobre você nem sobre as situações, ficar centrado mais nas ações, sem querer controlar o outro ou o resultado das próprias ações. Coloque o foco no aqui e agora, e perceba que tudo leva a um aprendizado.

Medo do futuro

O futuro ainda não existe, logo, todo medo do futuro é uma projeção de medos atuais com os quais a pessoa já convive. E, mais, este medo é só um reflexo das posturas que a pessoa tem tido consigo mesma. O medo do futuro também pode ser uma projeção de episódios do passado, como insucessos ou dificuldades que podem nem ser da vida da própria pessoa, mas importados da experiência de outrem. O futuro é construído a partir do hoje, assim, quem tem muito medo do futuro tem também medo do hoje, não vive bem por temer o que pode acontecer e só fica amedrontado, sem agir ou criar metas produtivas. Neste caso é muito importante perceber as ideias catastróficas, ponderar as possibilidades concretas e colocar o foco na ação, no aqui e agora.

Medo de impulsos incontroláveis

Idem ao medo de descontrole.

Medo de incapacidades

É muito importante questionar o que é capacidade, que é a habilidade de realizar algo, de fazer alguma coisa. Capacidade ou habilidade não embute o conceito de não errar, de ter de saber tudo. Incapacidade não está necessariamente ligada a algo negativo, mas possivelmente a limites. Por exemplo, não tenho a capacidade de fazer alguém feliz; posso ter esta intenção, mas não tenho o poder, uma vez que apenas a própria pessoa sabe o que a faz feliz e somente ela pode se abrir para a felicidade. Não tenho a capacidade de adivinhar o futuro, e esses aspectos não significam incapacidade no sentido de burrice ou irresponsabilidade, mas sim de limite — são incapacidades reais, não há o poder de realizar essas coisas. A humildade, ou seja, o sentido de realidade consiste em assumir "não sei", "não tenho que saber", como coisas normais. Reflita, portanto, em suas cobranças absurdas, pois ter medo de se sentir incapaz envolve cobranças e exigências, na maioria das vezes, impossíveis de realizar.

Medo de inconsciência

Pergunte-se qual a sensação bem terrível que teria se ficasse inconsciente. É esse o conteúdo a ser trabalhado, mesmo porque ninguém sentiria algo que já não faça parte de sua psique. Pode ser que o receio seja de perder o controle pelas situações, ou de ficar dependente dos cuidados de alguém.[1] Se o medo for de dependência, observe de quem ou de que você já é dependente. Se o medo for muito intenso, pode estar relacionado ao quadro de agorafobia.[2]

Medo de inimigos ocultos

O medo de inimigos ocultos, encarnados ou desencarnados, reflete uma imagem de vulnerabilidade que precisa ser modificada. Ninguém é realmente frágil a não ser na infância ou quando está muito doente. Existe uma fragilidade, por exemplo, durante a gravidez, mas isso não significa doença ou incapacidade. É necessário refletir que, cada vez que você tem muito medo de alguém ou de alguma situação, você dá força para isso e automaticamente se enfraquece. É interessante perceber também que ninguém é exatamente vítima; até os processos de obsessão

1 Veja "Medo de perder o controle".
2 Ver sobre este tema no capítulo "Fobias".

espiritual não acontecem por acaso, e ninguém atrai aquilo que não precisa, mas o contrário, porque no mínimo está emanando um padrão de energia que se afina com algo mais negativo. Assim, este tipo de medo impõe que a pessoa reveja suas crenças de fragilidade, sensações de incapacidade e assuma seu verdadeiro poder, agindo em prol do seu bem. Lembre-se também de que não somos responsáveis pelo sentir de outra pessoa, por exemplo: se alguém tem inveja de você ou lhe deseja mal, você não é realmente responsável por isso, porque os sentimentos são do outro e isso é responsabilidade dele. Como os sentimentos são dele, ele receberá o que emana e faz, esta é a lei, assim, não é necessário se preocupar com os inimigos ocultos, a não ser que você insista em manter uma ponte de ressentimento e ideias de vingança.

Se um indivíduo apresentar medos que envolvam ideias persecutórias, como se estivesse sempre sendo seguido ou observado, achando que alguém vai lhe fazer algum mal ou ameaçar sua vida, sugiro que seja encaminhado a um processo psicoterápico e também a um psiquiatra, pois é um quadro relativamente grave.

Medo de insanidade mental

Sempre ironizo dizendo que ficar louco, na realidade, é perder o orgulho e a vaidade, ficar despido do ego. Algum louco, por acaso, se incomoda ou se preocupa com o que pensam dele? Geralmente, a insanidade representa, para a personalidade humana, uma ameaça tão grande quanto a morte. É uma espécie de morte, já que o 'eu', vivido normalmente, fica perdido no estado psicótico. Todo mundo, de certa forma, tem medo de ficar louco, insano, porém o que precisamos compreender é que este é um quadro psicopatológico, e ninguém fica louco de uma hora para outra. Geralmente o medo neurótico de ficar louco acontece quando as pessoas têm medo de perder o controle por conta de sua raiva, de sensações que as amedrontam e acham que não podem controlar; afinal, quem já não ouviu a expressão "ficar louco de raiva"? Existe o medo de ficar louco que significa perder o juízo, ou ficar tão zangado a ponto de perder a cabeça, ou de sofrer um colapso nervoso. No caso de a raiva, por exemplo, escapar ao controle, a pessoa se sente descontrolada. Na realidade, o medo de insanidade demonstra uma dificuldade de a pessoa lidar com suas emoções, quaisquer que sejam. Temos medo de perder o controle, e, como já foi dito no item específico, esse medo só quer mostrar o quanto a pessoa é contida por se controlar excessivamente, necessitando, sim, aprender a lidar melhor com as suas emoções, jamais sublimando-as ou contendo-as em demasia.

Por baixo da superfície aparentemente racional de nossas vidas, há o medo da insanidade. Não ousamos questionar os valores pelos quais vivemos ou nos revoltarmos contra os papéis que desempenhamos, por conta do medo de pormos em dúvida nossa sanidade. Portanto, eu gostaria de enfatizar que nosso estado "normal", "ajustado", consiste, muito frequentemente, em abdicar da alegria e prazeres genuínos, traindo, então, nossos verdadeiros entusiasmos. O neurótico vive numa postura tão defensiva, que acha que não pode relaxar suas defesas e permitir a livre expressão de suas sensações e emoções. De fato, é fácil sentir-se perdido quando alguém rompe com a sustentação egoica, porque se confronta com o vazio. Percebo muito esse medo em clientes que viveram uma vida inteira cheia de autocontroles e papéis, e, logicamente, quando percebem o quanto isso lhes foi ruim e ineficaz, sentem um medo difuso, porque não sabem como será sua vida de agora em diante, segundo novos modelos que incluem atitudes mais centradas. Nesse ponto da terapia, explico como essa conscientização é importante, pois ela significa algo como um salto quântico no processo terapêutico, quando, então, o indivíduo terá que se apoiar na sensação de bem, naquilo que sente que é bom para si mesmo, e não mais no que o outro espera dele ou no que é bom para o outro. Logo, terá que reaprender o contato interno, para o qual não foi treinado mas que é totalmente possível de ser aprendido e introjetado. A vantagem é que, ao apoiar--se num modelo natural, dele mesmo, mais autêntico, o indivíduo gerará maior leveza, alegria e qualidade emocional. Assim, o medo de perder o controle aprendido é real, porque a pessoa ainda não tem muita consciência de quem é verdadeiramente. É necessário, então, atentar para o sentir e optar pelo sentir genuíno, a fim de abandonar as ilusões de como as coisas deveriam ser; e, para evitar choques e novas desilusões, não deverá criar expectativas, precisará reduzir o criticismo e o julgamento, percebendo que cada um é o que é e se encontra no nível consciencial que consegue estar.

Medo de insetos

Idem ao medo de animais. Cada um representa uma característica que o indivíduo pode estar podando em si mesmo, por isso é que a interpretação é individual. O que um inseto significa para uma pessoa pode ter um significado diferente para outra. Cito como exemplo um cliente com medo de barata. Utilizando uma das técnicas da Gestalt, pedi-lhe que "emprestasse" uma voz para a barata falar de si mesma. Ele disse que a barata "se achava muito curiosa, uma vencedora, porque nada a detinha, sendo extremamente forte e resistente, porque afinal, pertencia à espécie que sobreviveria até a uma guerra nuclear". Pedi-lhe que repetisse tudo o que a barata falou, na primeira pessoa do singular, sendo ele mesmo. Começou a dizer: "Eu sou forte, sou um vencedor, sou muito curioso". Perguntei se isso era verdade, e ele começou a chorar, começando a tomar consciência de como, ao longo do tempo, boicotou essas qualidades em si mesmo, aliás, fazendo uma grande força para parecer exatamente o oposto: frágil, fracassado e contido. Uma vivência desse tipo trabalha o medo do tal inseto, e quando a pessoa resgata essas qualidades em si e se dá espaço para ser o que é, o medo tende a desaparecer porque a mensagem foi entendida. Claro que, até por uma questão de higiene, podemos ter nojo de baratas. Isto é normal. O medo neurótico é quando a pessoa fica totalmente descompensada somente ao pensar no estímulo fóbico, e totalmente descontrolada quando em sua presença. É este o medo que precisa ser trabalhado através de técnicas de projeção, como a citada acima, e também com técnicas da psicologia cognitiva.[3]

Medo de limitações

Quem tem medo de limitações muito provavelmente já as impõe ou permite que lhe sejam impostas, o que tolhe a espontaneidade e cria um tipo, um papel ou *script* que a pessoa acha que tem que ser ou seguir em detrimento de seu entusiasmo e tendências naturais. O outro pode colocar limites, porém há sempre uma maneira de lidar com isso, permitindo, concordando ou não, afinal, temos livre-arbítrio. O importante é analisar como é que você mesmo se impõe ideias de limites através de suas críticas e autocobranças.

---

3 Ver dados sobre este medo no capítulo "Técnicas e dicas para dominar os medos".

MEDO DE LUGARES FECHADOS

Idem a claustrofobia.

MEDO DE MORRER

Como já foi dito, o medo de morrer é arquetípico, pois preserva a vida. O medo neurótico de morrer denota que a maneira de viver, ou seja, a vida como está sendo vivida no momento, é ruim e o indivíduo começa a apresentar este medo excessivo, justamente porque, na realidade, ele quer que "morram" certas condições detestáveis com as quais convive. Medo de morrer significa estar vivendo de uma maneira antagônica à natureza, já existindo, assim, uma espécie de morte existencial — a morte dos sentidos, na qual, geralmente, a pessoa está tão embotada para o seu sentir que já se sente "meio morta". Necessidade de rever posturas, valores nos quais se apoia e gerar autossuporte.

MEDO DE MUDANÇAS DE VIDA

Veja o capítulo "O incoerente medo do novo".

MEDO DE PERDAS

Acho relativamente normal o receio de sofrer perdas, sejam elas financeiras ou relativas a pessoas e entes queridos. O que precisamos refletir é que, na realidade, não temos ninguém; temos, sim, o nosso sentimento pelas pessoas, mas não as temos de fato, elas não são nossa propriedade. Logo, não existe perder alguém porque na realidade nunca o tivemos, a vida dele não era de nossa posse. Temos coisas que são nossas, como livros, CD's, DVD's, carro, casa, mas o nosso valor não se concentra nas coisas que temos, e sim naquilo que somos; o valor está no SER e não no TER. Com certeza, ao desencarnar, não levaremos nada disso que temos, apenas nossas vivências, sabedoria, consciências adquiridas, conhecimento, ou seja, aspectos bastante abstratos e nada materiais. O grande medo de perder coisas pode significar que essa pessoa coloca o seu valor nas coisas que tem, logo, o medo de perdê-las é de perder-se, de perder sua identidade. O medo intenso de perder uma determinada pessoa pode significar um processo de dependência emocional. Reflita: o que esta pessoa lhe dá? O que ela faz para você e que ficaria muito difícil ficar sem? Então, comece a tentar suprir o que quer que tenha concluído, para si mesmo, para trabalhar a ideia de independência, uma vez que, definitivamente, ninguém depende do outro para viver, isto é ilusão. Lembre-se de que seu ponto de segurança não está nas coisas ou nas pessoas; sua segurança está no seu sentir, no seu bom senso, livre-arbítrio, potenciais internos, enfim, dentro de si mesmo.

Medo de perder o emprego

Até certo ponto este medo é normal, e o que podemos fazer é tentar sempre desempenhar o nosso melhor para conservamos o emprego. O que não se deve fazer é apenas ficar com medo, uma vez que estas ideias amedrontadoras e catastróficas sobre como a sua vida ficaria, caso estivesse desempregado, irão resultar numa imensa ansiedade negativa aí dentro de você, e provavelmente o seu desempenho ficará prejudicado por conta de sua ansiedade. Assim, coloque o foco em fazer o seu melhor, tente aprimorar-se sempre, sem se acomodar. Lembre-se de que a preocupação em si é inócua e só gera pressão e ansiedade negativa. Pondere, também, que sua segurança não está no seu emprego, mas sim na sua experiência, potenciais e vontade de aprender.

Medo de perseguição

Eventualmente este é um quadro que pode ser bastante sério quando embute o que chamamos de ideias persecutórias, ou seja, quando alguém acha que todo mundo está olhando para ele, que está sendo sempre observado mesmo quando está sozinho, ou ainda que está sendo seguido, mesmo sem evidências concretas desse fato. Este quadro exige acompanhamento psiquiátrico, psicoterapia e em alguns casos acompanhamento espiritual.[4]

Medo de pesadelos

Quem tem medo de pesadelos é porque já os teve, e, assim, é interessante analisar cuidadosamente, junto a um psicoterapeuta, os conteúdos desses sonhos, porque refletem posturas e trazem mensagens interessantes. Nem sempre um pesadelo tem um significado negativo. Se bem que pode, às vezes, apontar momentos de insegurança e dificuldades que a pessoa está vivenciando e não sabe como lidar, e este conteúdo aparece como pesadelo. Para elucidar, vou citar um caso de uma cliente que tinha um pesadelo recorrente. Ela sonhava que era perseguida por alguém, sentia que era uma pessoa que lhe queria mal, e nessa perseguição ela caía dentro de um poço. O sonho já acontecia há alguns anos. Numa sessão, trabalhando com

[4] Vide "Medo de inimigos ocultos".

este sonho e utilizando uma técnica de alfagenia, ela se viu numa situação como se fosse numa vida passada, quando tinha uma relação bastante conturbada com um homem de quem não gostava; se viu sendo perseguida por esse homem que queria bater nela, e de fato caía num buraco e teria morrido. Viu-se em seu próprio velório e o homem extremamente arrependido dizendo o quanto a amava e que cuidaria dela se tivesse outra oportunidade. Ela relacionou o tal homem com o seu pai adotivo na vida atual, alguém que de fato cuidava tanto dela a ponto de sufocá-la. Percebeu que no aqui e agora deveria trabalhar seus decretos que a faziam tentar atender às expectativas do pai e os temores que sentia caso não as atendesse. Quando percebeu isso e teve um diálogo com ele, expressando o quanto se sentia exageradamente cuidada e quanto gostaria de ser mais livre e andar com suas próprias pernas, não teve mais o tal pesadelo.

Outro caso interessante foi o de um cliente com sonhos recorrentes, nos quais se sentia muito inseguro, perdido e sem referências, ora sem conseguir efetuar uma ligação telefônica, ora esquecendo dos números que deveria ligar, ora sem gasolina no carro, ora perdido num lugar desconhecido. Trabalhando seus sonhos, percebemos que ele precisava resgatar sua própria segurança, pois, como foi criado sem a mãe (ela faleceu quando era bem pequeno), ficava às vezes com os tios, outras com os avós, ou com o pai, e isso lhe deu a impressão de risco de abandono. Assim, o seu decreto de sobrevivência foi o de tentar agradar as pessoas, sendo extremamente bonzinho, atencioso, quieto, e com isso, é claro, boicotou sua natureza, curiosidade e ousadia naturais. De posse dessa consciência e começando a gerar autossegurança, passando a se deixar guiar pelas suas vontades e impulsos autênticos, os sonhos não se manifestaram mais. O nosso inconsciente mostra, através de sonhos desagradáveis ou pesadelos, aspectos de nossa psique que precisam ser compreendidos e integrados à nossa consciência. Assim que os percebemos, os sonhos não acontecem mais porque a mensagem foi entendida.

Medo de pessoas, multidão

Ver capítulo "Fobia" e "Síndrome do pânico".

Medos relacionados a religiões

O medo de religiões pode estar ligado a um condicionamento errôneo perante o conceito de Deus. Há religiões que pregam a ideia de um Deus prepotente, carrasco, repressor, que fica anotando num grande livro tudo o que você faz de errado. Ora, imagine como se sente quem tem medo de errar e não ser adequado diante da ideia de que alguém lá em cima o observa e julga. É muito comum que o medo por um pai repressor e tirano seja estendido à ideia de Deus; logo, o mesmo receio que alguém tem por um pai como esse será direcionado às pessoas, às quais confere autoridade ou julga superiores, e também a Deus. Há pessoas com medo de certas religiões porque acham que elas irão dominá-lo, ou até mesmo de não terem nenhuma religião, como se isso fosse abominável. Penso que o importante é adquirir informações, pesquisar e sentir o nível de afinidades. Não se deixe levar pelas opiniões alheias, sinta o que é importante e essencial para você. Vá, frequente qualquer que seja o lugar, converse com as pessoas e procure sentir se é o ideal para você. Informe-se, pesquise a religião e seus rituais. Penso que todas as religiões são interessantes, pois em todas encontramos as verdades divinas; o importante é perceber os conteúdos egoicos de seus dirigentes e frequentadores a fim de desconsiderá-los, atendo-se ao essencial e no sentido que você encontra naquilo que vê, ouve e percebe. Lembre-se de que o pastor, o padre, o dirigente de um centro ou terreiro, o guru de uma determinada seita são pessoas como você, não lhes dê poder — a diferença entre você e eles está no conhecimento, não no valor do ser. Assim, centralize-se no seu valor e aprenda, respeitando o que sente, sempre! É comum que alguém tenha medo de pessoas ou circunstâncias às quais confere muito poder, uma vez que ao conferir poder para o externo, a pessoa se enfraquece porque esquece de considerar o próprio valor. Muitas vezes esse medo simplesmente está relacionado à falta de informações sobre uma determinada manifestação religiosa e seus rituais. Procure informar-se, pesquisar, estudar o que quer saber. Questione o que é Deus para você, sinta, pois este é um conceito que deve ser sentido e não imposto. Com isso, o medo certamente será eliminado. E não tema não seguir nenhuma religião, isso não é obrigatório, mesmo porque o verdadeiro significado da palavra religião é religar ao interno, às verdades interiores e naturais. A crença, o sentir, a vontade de procurar explicações mais abrangentes e espirituais (profundas) são muito individuais. Respeite-se!

Medo de ser enganado, traído

Este medo sempre mostra como a pessoa se trai e autoengana. Como é que alguém se trai ou se engana? Quando não entra em contato com o seu sentir, com as suas tendências mais genuínas e se deixa levar por contextos que cobram adequação, comportamentos estereotipados, chantagens emocionais etc; também quando a pessoa finge que sente uma coisa quando na realidade não sente, quando expressa algo diferente do que está realmente sentindo ou não se percebe claramente. Se você se trai, está emanando uma energia de enorme desrespeito e é claro que pode atrair alguém que irá traí-lo, pois o que está vibrando é traição. Veja bem, ninguém pode trair você, o que existe é trair um acordo, um contrato, desrespeitando as regras acordadas. Num relacionamento, quem trai no mínimo se trai, por estar traindo seus próprios princípios, uma vez que está fazendo algo que provavelmente não gostaria que o outro lhe fizesse. Talvez fosse melhor se as pessoas conversassem mais, se houvesse uma comunicação mais clara sobre as necessidades de cada um e as possibilidades de o outro supri-las. Estas questões sobre relacionamento, ciúmes, insegurança, dependência emocional e diálogo foram extensamente descritas no livro *A essência do encontro*. Sugiro que dê uma lida nesse livro se estiver interessado em manter relacionamentos mais saudáveis e autênticos.

Medo de ser rejeitado

Este medo significa o processo de autorrejeição em que uma pessoa se encontra, quando não se aceita e não se valoriza. Normalmente tende a colocar o seu valor nas opções e nas mãos dos outros. Já atendi um grande número de homens e mulheres que chegam à terapia num estado deplorável queixando-se de desânimo, tédio, deprimidas, e tudo começou por conta do término de um relacionamento, quando o companheiro os "trocou" por outra pessoa. O trabalho com essas pessoas é fazê-las perceber que os seus sintomas só estão presentes para mostrar como estão depreciando-se e subestimando-se. Veja bem, o valor de uma pessoa está no ser, naquilo que ela é; nunca esteve e nunca estará contido nas opções de alguém; as pessoas têm livre-arbítrio e podem ficar ou namorar quem elas quiserem, é questão de afinidade, sentimento, momento de vida, enfim uma série de variáveis que tem a ver com os próprios conteúdos de cada um. Por exemplo, uma moça quer casar e ter filhos porque acha que está no momento propício de vida para isso. Se o seu namorado não estiver no mesmo momento, ou não tiver essas metas, provavelmente será deixado de lado e ela tenderá a procurar outro sujeito para realizar os seus desejos. Isso é correto ou não? Veja bem, não dá para julgar, é questão de livre-arbítrio. Provavelmente este casal não está sintonizado, um tem metas diferentes do outro, e, assim, talvez seja melhor que o namoro termine, caso contrário um ou outro terá que se sacrificar tanto que um dia mais tarde vai cobrar pelo tal sacrifício. Será que é justo? Nada acontece por acaso, e o ideal é perceber que atraímos o que estamos vibrando. Assim, se você quer atrair alguém bem legal, tente agir em prol de si mesmo de forma respeitosa, amorosa e valorizadora; dessa forma, com certeza estará na vibração correta para atrair alguém que também o respeite, ame e valorize.

Como sempre digo, você não é o motivo da ação de uma determinada pessoa; você pode ser o alvo das ações dela, mas não o motivo, porque o motivo tem a ver com os conteúdos emocionais dela. As pessoas sempre agem por conta de seus próprios conteúdos. Se alguém lhe disser que você é culpado por ele ter agido assim ou assado, não assuma responsabilidade por isso, a não ser que você tenha agido de má-fé, uma vez que sempre o outro tem responsabilidade pelas suas ações, pelas suas escolhas, até por decidir não agir. Assim, sentir-se rejeitado é rejeitar-se, ter medo de ser rejeitado é rejeitar-se, é não se dar o devido valor, não se reconhecer como alguém único, e por si só, especial.

Medo de sucumbir, de não aguentar

É o medo que alguém tem quando acha que uma situação está insustentável. De maneira geral, quem tem este medo e chega nessa situação são pessoas bastante exigentes, perfeccionistas, autopressionadoras e controladoras, sem nenhum respeito pelos seus verdadeiros limites, campo real de ação, vontades e ritmo. Quando há saturação, é porque a natureza está se esgotando, pedindo socorro e a pessoa vai ter que respeitar esse pedido, parar e reconsiderar todas as suas ações e necessidades de agir de forma tão autodesrespeitosa. O medo de sucumbir avisa o quadro de extremo desrespeito em que alguém se encontra. Normalmente essa pessoa se cobra "ter que aguentar", "ter que dar conta". E qual é o problema de não dar conta, de não aguentar? Pergunte-se! No máximo verá que é mais uma questão de ego, daí o desrespeito. Você não tem que fazer nada, nem tem que aguentar, não tem que dar conta; desobrigue-se e perceba se está atuando dentro do seu possível; isso é o suficiente e a real maneira de se respeitar e buscar ajuda quanto aos aspectos que não sabe resolver sozinho. E lembre-se: isso não é impotência, é limite. Assim, respeite seus limites!

Medo de suicidar-se

Até certo ponto este medo é bem comum, porque é relativamente normal que em algum momento da vida as pessoas pensem em suicídio. Só que este medo é também um paradoxo. Como alguém que naturalmente tem medo da morte pode pensar em se matar? Na realidade, com a ideia de suicídio, o indivíduo está manifestando o desejo de se livrar de situações, pessoas ou circunstâncias com as quais não sabe lidar num determinado momento. A ideia do suicídio é uma forma de resolver a situação, sair do campo de batalha e, ao mesmo tempo, deixar alguém se sentindo culpado. Na realidade é um ato de desespero e também de mimo. O suicídio não é só um desejo de morrer, é uma vontade de "fazer" morrer coisas indesejáveis da vida. Só que, no suicídio, ao constatar a ausência da competência real de mudar certos aspectos da vida, a pessoa executa uma ação destrutiva contra si mesmo e contra os outros. Esse ato deriva, em grande parte, de raiva reprimida que é dirigida contra si mesmo e para magoar outras pessoas. É como se a pessoa quisesse expressar: "Vocês ficarão sentidos e culpados quando eu estiver morto." O suicídio representa uma rejeição do próprio ser. É uma busca maluca pelo próprio valor, pois o suicida espera que o outro o valorize através da culpa que viria a sentir pela perda dele. Mas enquanto houver o medo de se matar, a pessoa não comete suicídio. De qualquer forma, é muito bom perceber que a coragem para cometer um suicídio poderia ser mais bem utilizada na mudança de posturas, na ótica através da qual esta pessoa está enxergando a vida, e em querer amadurecer, não por meio da ideia de problemas, mas sim pela ideia de desafios. A vida não significa problemas, mas sim desafios que estamos prontos para vencer. Ninguém é vítima, lembre-se!

Sem dúvida existem alguns quadros em que este medo é muito intenso, como em depressões profundas, síndromes, e é claro que um acompanhamento psiquiátrico e psicoterápico são indicados nesses casos. Há a enorme necessidade de trabalhar o desespero por conta da sensação de incompetência ou decepção com a vida.

Medo de terapia

Muitas pessoas acham que fazer terapia é um processo doloroso. Outras acham que terapia é coisa para loucos. É bom esclarecer que terapia não é para loucos, pois, como eles estão fora da realidade, o tratamento é diferenciado. Terapia é para gente que quer melhorar e se conhecer. De fato, eventualmente teremos que lidar com algumas coisas dolorosas de lembrar, porém devo-lhe dizer que tudo serve. Uma cirurgia também dolorosa serve para salvar a vida de uma pessoa, não é mesmo? Extrair um dente apodrecido pode ser doloroso, mas serve para estancar um processo de inflamação e infecção que poderiam pôr em risco a vida de alguém. A terapia também é um processo que leva a um resultado — o autoconhecimento —, à integração de aspectos opostos e conflitantes e à maior clareza de percepção da natureza verdadeira de cada um. Achar que terapia é coisa para loucos é um preconceito para lá de ultrapassado e soa mais como uma bela resistência para fingir que está tudo bem, quando, na realidade, só serve para disfarçar a intenção de acreditar que não se precisa de ajuda. Em minha opinião, isso é orgulho, uma vaidade muito grande, pura falta de humildade, pois nunca ninguém sabe de tudo, então por que não aceitar a ideia de que às vezes precisamos de ajuda principalmente para nos percebermos e nos conhecermos melhor? A psicoterapia é uma bela maneira de se encontrar e resolver problemas existenciais e comportamentais. É um caminho, como também é a medicina para o corpo. Simples! E você pode optar em continuar sofrendo ou buscar ajuda. Você é quem decide.

Medo de tudo

Vide capítulo "Síndrome do pânico".

Medo de viajar

É interessante isolar o medo em particular. Qual o medo de viajar? Se for de aventurar-se, isso caracteriza medo do desconhecido, do novo. Medo de avião? Medo de contato com pessoas? Medo de que algo ruim ocorra na viagem? É importante checar as ideias catastróficas e perceber que a catástrofe é uma das possibilidades, mas não a única. Pense na parte boa da viagem; concentre-se em ações, como fazer uma averiguação completa das condições do carro, se for viajar com seu carro. Se for viajar de ônibus, escolha uma boa companhia, ônibus confortáveis. Não foque na ideia de o avião cair, embora isso seja uma possibilidade, porém remotíssima em termos estatísticos. Novamente coloque o foco nas ações e não nas preocupações. Um pouco de confiança na vida, em Deus, é importante, certo? Valorize o prazer, afinal se existe uma vontade de viajar, esta vontade é a parte mais essencial, o medo nem tanto. O medo de viajar pode também estar relacionado à resistência perante as mudanças, quando a pessoa pode se achar tão segura num determinado *status quo* que o medo pela ideia de viagens pode realmente embutir insegurança perante o novo. Vide capítulo "O incoerente medo do novo".

Temores vagos, irracionais

Devem ser analisados em psicoterapia, pois podem ser indícios de um quadro de ansiedade generalizada, depressão ou mesmo pânico. É interessante exercitar a respiração profunda como forma de acalmar a ansiedade, colocar o foco nas ações e não nas preocupações, perceber o campo real de ações para não entrar na neurose de controle irracional. Busque ajuda!

O GRANDE PARADOXO: medo de viver *versus* medo de morrer

Duas pessoas têm vivido em você por toda a sua vida. Uma é o ego, tagarela, exigente, histérico, calculista; a outra é o ser espiritual escondido, cuja silenciosa voz de sabedoria você somente ouviu ou reparou raramente — você revela em si mesmo o seu próprio guia sábio.

— SOGYAL RINPOCHE

É natural sentir medo de morrer, que existe como preservador, já que nossa natureza tem o princípio da vida, ou seja, o de querer viver. Nossa natureza quer viver e sabe que estaremos aqui por certo tempo, e um dia morreremos, ou melhor, mudaremos de dimensão. Só que por mais estranho que pareça também existe o medo de viver, que todos nós carregamos, num menor ou maior grau, e este medo neurótico é uma defesa perante uma espécie de morte existencial que sofremos em nosso processo de aculturação.

Soa paradoxal, mas o fato é que todos nós nascemos e somos sujeitos a um processo de aculturação, através do qual recebemos valores, informações e esquemas de como deveremos ser, agir; por conta disso, somos condicionados em processos de ajustamento, adequação, assumindo papéis, conceitos de certo e errado, que grosso modo, contrariam a integridade do ser natural e do próprio eu. Como a natureza é única, individual, sem dúvida essas regras de adequação e ajustamento acabam interferindo e podando essa natureza. Só que, como já expliquei várias vezes, todos nós estamos aqui e precisamos viver, e, assim, por meios instintivos de sobrevivência, acabamos sobrevivendo (não necessariamente bem) e nos deixamos ajustar.

Com isso, grande parte do nosso jeito natural de ser é podado e sublimado. Imagine uma criança num lar autoritário e cheio de repressões; ela percebe que para sobreviver tem que ser aquilo que esperam dela, por um mecanismo instintivo de sobrevivência, acaba se adaptando e nesse processo de adaptação absorve crenças e decretos de como é que tem que ser a sua sobrevivência. Mesmo em lares não tão hostis ou rigidamente explícitos, as crianças acabam absorvendo o jeito esperado de como devem se comportar;

até os mais rebeldes acabam criando conflitos, mas, mesmo assim, absorvem esses esquemas do que é adequado e, num menor ou maior grau, todos nós carregamos essa adaptação imposta.

Em termos essenciais, isto é um conflito, mais ou menos assim: "Eu sou uma coisa, mas tenho que ser outra". Em nosso íntimo, esse conflito se transforma numa espécie de medo da vida, não com relação à nossa natureza que sabe viver de forma espontânea, mas com relação ao nosso ego, que é uma espécie de capa que acabamos tendo que vestir, contrariando a tal natureza espontânea.

O medo da vida se reflete numa espécie de sensação de que "a vida que eu tenho que viver não é bem aquela que a minha natureza quer viver". Este conflito resulta em conteúdos comportamentais sublimados e contidos, mais tarde evidentes nas defesas contra o medo de ser rejeitado, de não ser aceito ou de não ser amado. É como um esquema assumido: ao sentirmos que corremos o risco de não sermos aceitos e amados, teremos medo de expressar qualquer sentimento, temeremos pedir ou exigir respeito. Com medo de críticas ou rejeições ou com receio de não agradar o outro, não nos permitimos expressões espontâneas, autênticas e respeitosas. Aprendemos a manter o controle sobre nossa agressividade natural e acabamos por negar o nosso sentir verdadeiro, trocando-o pelas expectativas alheias. E este somatório de atitudes de anulação da essência e reforço ao ego vai gerando muita angústia, desencadeando uma espécie de agonia que só quer informar o sufoco que a natureza está sofrendo. Como a vida é regida por leis e códigos que impõem uma evolução, haverá o aparecimento de tanto mal-estar e insatisfações, que o indivíduo vai ser "empurrado" a evoluir, ou seja, a assumir sua naturalidade e espontaneidade, a ser ele mesmo. Esse processo conflita com a aprendizagem que o indivíduo recebe de não poder ser ele mesmo, pois isso lhe causaria a possibilidade de ser rejeitado e vir a morrer; o indivíduo não quer morrer e gera, por conta do conflito, o medo de viver.

Vamos entender isso melhor. O fato é que os decretos criados sobre o que se tem que fazer para ter todas essas necessidades satisfeitas, ou seja, aceitação, amor, valorização e consideração, escondem uma ameaça real e inconsciente que é o medo de morrer. A crença é de que "só vou sobreviver se receber do outro aceitação, valorização, cuidados etc. Tem que vir de fora, do externo para que eu exista". Não se considera aqui a ideia de autossuprimento — é um mecanismo instintivo da natureza saber que haverá morte diante do abandono real, afinal um bebê não sobrevive se não houver alguém que cuide dele. E, por conta desse medo instintivo da morte, absorvemos decretos e crenças para uma sobrevivência de modo a garantir essas necessidades básicas, sermos aceitos, amados, acolhidos, considerados, valorizados etc. A supressão ou contenção dos impulsos genuínos e espontâneos acontece naturalmente para garantir que essas necessidades sejam satisfeitas, e o fato é que justamente por conta de tanta contenção, retraimento e autoagressão nosso organismo acaba manifestando o medo de viver — na realidade, o medo de viver de forma solta e espontânea. Por conter o que sentimos, acabamos nos tornando defensivos, e enquanto nos mantemos assim sentimos medo, que expressa exatamente o medo de sermos nós mesmos, embora seja verdade que a atitude defensiva desenvolveu-se em resposta às experiências absorvidas lá em nossa infância.

Segundo Reich, não podemos falar em perder o medo de viver enquanto não nos libertarmos de nossa postura defensiva perante a vida. Se olharmos para o nosso corpo, ele com certeza nos mostra nossa postura defensiva através de músculos cronicamente tensos e contraídos. Cada vez que a natureza é podada, ocorre uma tensão e uma contração. O somatório de tensões acaba gerando a tensão crônica. O sistema biodança, criado pelo antropólogo chileno Rolando Toro, afirma que as emoções e sensações contidas irão se manifestar como doenças e couraças energéticas, que podem vir a ser trabalhadas através do movimento e da música. Esse processo auxilia o indivíduo a ter consciência do seu verdadeiro sentir, criando descontração e liberando as tensões crônicas que se desprendem como se fossem folhas mortas, através do suporte e apoio da expressão autêntica. Posso dizer que isso é uma grande verdade, pois sou facilitadora de biodança e tenho visto mudanças incríveis nas pessoas a partir do contato autêntico e da expressão de seus sentimentos. É uma grande descompressão o que acontece na vivência da biodança.

Assim, podemos dizer que a cura do medo da vida e dos medos neuróticos acontece quando o indivíduo se abre por completo e passa a expressar progressivamente sentimentos e sensações contidos, até que seu corpo esteja livre das tensões e recupere o seu estado natural e flexível.

A bioenergética de Reich afirma *que toda tensão muscular crônica do corpo está associada à tristeza, medo e raiva, uma vez que a tensão é gerada através da restrição imposta ao nosso ser, e, quando isso acontece, ficamos tristes, e também zangados, por nos sentirmos tão limitados. E, como aprendemos a ter medo de demonstrar nossa tristeza ou de expressar nossa raiva, ficamos prisioneiros de um estado contido de ser*. Penso que a própria tristeza e a raiva são maneiras de nossa natureza nos informar de como estamos agindo errado para com nós mesmos, de como estamos sendo permissivos e desrespeitosos.

O sistema biodança afirma que *quanto maior a consciência da quantidade de sensações e sentimentos, maior será a energia vital e a excitação do organismo*. Enfim, a partir do exposto, podemos perceber que são os limites impostos ao nosso ser que nos fazem contidos, tristes e zangados, e que geram os nossos medos. A natureza expressa e nos comunica, através de sensações, querendo justamente nos mostrar o que estamos fazendo, como estamos lidando conosco. E as sensações ruins, como a tristeza, irritação e angústia servem para nos mostrar que estamos agindo de forma contrária à nossa natureza; em contrapartida, as sensações boas indicam que estamos no caminho certo, que estamos nos comportando de acordo com nossa essência natural.

Assim, as nossas tensões, de certa forma, refletem as nossas contenções, e estas nos trazem o medo da vida. É como se, com isso, nosso sistema orgânico expressasse "desse jeito não está bom, não quero viver assim"; só que sabemos e aprendemos que, se formos verdadeiros, corremos o risco de morrer porque não teremos nossas necessidades satisfeitas pelos outros. Que conflito, não? Temos aqui o medo de viver de forma espontânea e genuína, e com isso morrer, criando o conflito interior que existe em todo processo de neuroses.

De acordo com a bioenergética, as nossas tensões também aparecem quando nos cobramos controles absurdos, e este controle é entendido como necessário para não "perdermos a cabeça". O que significa estar no controle? Significa comportamento adequado, estereotipado, submeter o organismo à vontade do ego e ainda ter que garantir que não ocorrerão movimentos sem controle racional. Não estou pregando desordem nem descontrole, porém, controle e pressões excessivos geram, sim, muita tensão, e podemos afirmar que toda sensação de tensão é literalmente uma contenção ou repressão entendida neuroticamente como necessária para a salvação da própria vida. Assim, toda tensão é originada a partir de um padrão que inclui um conjunto de regras a serem obedecidas, cujo objetivo é garantir a sobrevivência da pessoa. Por conta disso, dar um passo fora dos padrões soa como muito ameaçador, e as sensações bem terríveis vivenciadas são o medo de perder a identidade, algo como não ser ou morte.

Perceba, então, como realmente a inibição da vida significa morte. Logo, toda tensão crônica reflete o medo da vida, o medo de se soltar, o medo de ser você mesmo, e a tensão pode ser interpretada como um desejo de morrer. Ser o que é significa a possibilidade de vir a sucumbir. Ao temermos a morte, temos medo de viver ou de ser. E se tememos viver, temos medo de morrer. Este é o grande paradoxo que precisamos entender, a fim de optarmos pela nossa natureza e tentar ser o ser que somos em essência. É por isso que precisamos treinar nos colocar à disposição de nosso sentir, que nos informa o caminho certo e não de nosso ego, com todos os esquemas absorvidos pelo nosso processo de formação e aculturação.

Fomos aculturados para venerar o fazer e não o ser. Fazer está condicionado à apresentação de resultados, portanto, agradar, atender às expectativas externas. Interessante, não é mesmo? Afinal, absorvemos a ideia de que ser o que somos verdadeiramente é perigoso, pois corremos o risco de decepcionar e de ficarmos sós. Então fazer virou a regra. Fazer é ocupar-se com o externo, sem focar o interno. Para os neuróticos, ser é o mesmo que vazio ou nada, já que, ao suprimir as sensações, ocorre a produção de um vazio interior na personalidade, que então é preenchido com o fazer.

Qual a saída para todos esses conflitos e para a resolução desse paradoxo?

A saída está na autoaceitação incondicional. É necessário encarar e aceitar todo esse processo maluco que vivenciamos; que temos necessidades básicas e que elas são normais, não há problema nisso. Só que precisamos também perceber que ninguém tem a obrigação de nos assumir e de satisfazer as nossas necessidades básicas. Apesar de todo esse esquema de aculturação, no âmbito real, nunca tivemos nossas necessidades totalmente satisfeitas, nem quando éramos bebês. E você acha que agora, adultos, teremos essas necessidades satisfeitas se continuarmos a fazer gracinhas e sermos bonzinhos? Claro que não! Aquele modelo emocional foi válido para a infância, quando éramos indefesos, frágeis e sem experiência de vida. Hoje, ao manter o mesmo modelo, ele se torna "uma faca de dois gumes", pois ao colocar o outro como sua prioridade, para que ele indiretamente satisfaça as suas necessidades básicas, você se abandona, se desrespeita, torna-se um irresponsável para consigo mesmo, e isto não é assumir-se. Sua responsabilidade é bancar-se e não bancar o outro que está lá fora e não faz parte do seu organismo.

Assim, a alternativa é perceber essas carências e buracos emocionais e buscar preenchê-los, cada um para si mesmo, através da mudança de atitudes. Afinal, o potencial que você usa para cuidar dos outros existe, não é mesmo? Que tal reorientar esse potencial e usá-lo para se cuidar e se suprir? Assumir a responsabilidade por si mesmo, pelas suas próprias necessidades e reorientar a sua energia nesse sentido é o caminho para levar uma vida sem medo de ser vivida.

E se os nossos medos servem justamente para nos mostrar os potenciais que temos, e que estão sendo mal usados, assim que começarmos a utilizar nossos potenciais da maneira correta, em prol de nós mesmos, assumindo a responsabilidade de amadurecermos de acordo com as leis naturais, então viveremos a vida autenticamente, com prazer e sem tensões. Logo, o nosso medo de viver desaparecerá e o de morrer também, porque estaremos vivendo uma vida do nosso jeito, que vale a pena viver (lembrando que morrer é parte natural do viver). De fato, a morte é apenas um momento de transformação, uma transição para outra realidade dimensional, e continuaremos sempre, pois somos eternos.

Reflexão

Quando você conhece seu verdadeiro eu, você jamais sente medo da morte, porque é autossustentável.

— *Osho*

Técnicas e dicas para dominar os medos

Esforce-se para ser mais espontâneo, criativo, original. Faça com que o ego desapareça, pois quando o ego desaparece, a ferida em você desaparece; você está curado, você está são — o ego é a sua doença. Quando o ego desaparece, você sai da inoperância, você começa a imbuir-se da vida. Você começa a imbuir-se com o fluxo imenso da existência.

— Osho

Perseverança e coragem são capacidades da natureza que são mobilizadas justamente porque temos medos, e servem para confrontá-los. Só que o medo não pode ser o foco — ele deve ser aceito como preservação e cuidado, e é aí que entram os potenciais de coragem e perseverança para confrontá-los. Afinal, existe coragem porque existe medo; existe dia porque existe noite etc. Como vemos, a coragem forma contraste com os medos. Penso que é sempre interessante perceber que eventualmente você precisa confrontar um determinado medo porque ele atrapalha seu bem-estar — por exemplo, exagerando um pouco, o medo de elevador de alguém que trabalha no 25º andar de um edifício. Entretanto, alguém pode ter algum medo que não quer ou não necessita ser confrontado, como alguém com medo de dirigir, mas que não pretenda ou não necessite ter um carro; ou ainda alguém com medo de andar na montanha-russa, mas que nunca vai a um parque de diversões. Logo, pondere sobre os medos que lhe são problemáticos e que atrapalham.

O trabalho com todas as emoções, incluindo o medo, implica em primeiro lugar aceitar o que se sente. Não adianta ficar brigando com o medo: se você o sente, aceite. No livro *Equilíbrio emocional*, o trabalho com as emoções foi amplamente explicado, porém explicarei em resumo:

- *Você deve aceitar o que sente, uma vez que está sentindo;*
- *Elabore o que sente*. Elaborar é refletir a respeito do que sente;
- *Dê um encaminhamento, ou seja, aja de acordo.* O que fazer com o que sente? Tome uma atitude, faça alguma coisa, decida o que quer fazer, nem que seja a decisão de não querer fazer nada, pois a energia residual por conta do que

sentimos precisa ser utilizada para finalizar o ciclo e dinamizar as situações de nossa vida.

Vejamos um exemplo: Uma pessoa está andando por uma rua mal iluminada. Ouve passos atrás de si, olha para trás e confirma que alguém está caminhando também. Passa a sentir medo porque começa a pensar que o sujeito pode ser um assaltante, que provavelmente poderá abordá-la ou até matá-la. O que acontece dentro dessa pessoa? Os pensamentos amedrontadores e catastróficos desencadeiam nela uma intensa ansiedade, o cérebro detecta os pensamentos preocupantes e mobiliza o seu corpo para uma ação, que será fugir, sair correndo ou partir para o enfrentamento. Se esta pessoa assumir que está com medo e aceitar essa sensação, é bom. Também pode perceber que talvez os seus pensamentos estejam sendo catastróficos demais, e, com isso, o seu medo diminuirá e ela começará a ponderar o que poderia fazer para se certificar se o sujeito que está atrás dela é realmente perigoso. Ela tem várias opções: diminuir ou aumentar o ritmo de seus passos e perceber se o sujeito acompanha essa mudança. Se o sujeito assim o fizer, talvez ela esteja correndo risco. O que fazer? Sair correndo ou mudar de direção, dispersar o sujeito e passar a ser o perseguidor e observar o que acontece? A ação dependerá muito de pessoa para pessoa — o importante é o foco em alguma ação e não só no medo catastrófico, puro e simples, senão ela poderá ficar paralisada e não fazer nada. Por conta da situação de risco, o corpo já está preparado para uma ação, e, assim, o foco não pode ser somente o medo que paralisaria o sujeito.

Uma maneira interessante para trabalhar os medos é detectar as sensações que estão por trás deles. Imagine a cena do que você tem medo, a sensação que teria se este medo estivesse acontecendo, e pergunte-se: "O que há de bem terrível nisso?" Tente perceber qual a sensação bem terrível que sentiria, se a situação que teme estivesse de fato acontecendo. Normalmente, a sensação terrível tem a ver com o seu âmago emocional: atitudes erradas que tem para consigo mesmo, que denotam os decretos que você se colocou. O medo, no momento, tenta lhe mostrar que está na hora de assumir a responsabilidade por si mesmo, revendo esses decretos e tomando atitudes nutritivas, que preencham os seus vazios interiores, para que você perceba os seus reais potenciais e força. Dei um exemplo em capítulo anterior da pessoa que temia um processo de separação. Ela percebeu que o que mais temia era a sensação de solidão, e pôde com isso tomar consciência da solidão com a qual já convivia, justamente por não olhar para si mesma e considerar suas vontades.

Podemos também trabalhar os medos através da percepção do que projetamos no objeto de nosso medo. Um caso interessante foi o medo de cachorros que uma cliente sentia. Em nenhum momento de sua vida ela foi atacada por um, e, no entanto, tinha um medo muito grande de cachorros, qualquer que fosse o seu tamanho. Realizando o exercício de identificar-se com o objeto do medo, ela percebeu em si mesma potenciais seus que o cachorro representava. Por meio de um exercício da Gestalt-terapia, sendo o cachorro, ela disse: "Eu sou um cachorro e, como tal, sou muito astuto, posso perceber o medo das pessoas e aí me sinto mais forte; porém, sou muito afetivo, amigo e confiável, mas também sei me defender, quando não gosto de alguma atitude de alguém para comigo".

Esta cliente pôde perceber, através dessa identificação, quantos potenciais existiam dentro dela, os quais não usava apenas porque se considerava dependente da aprovação dos outros, e, consequentemente, vulnerável e frágil. Ao começar a resgatar esses potenciais, e ao se dar o direito de ser ela mesma, o medo foi desaparecendo, a ponto de ter adotado três cachorros.

Devemos entender que uma pessoa que sente medo de um cachorro não vai dizer a mesma coisa que essa cliente disse, porque a projeção que a pessoa faz em cima de um objeto, animal ou situação é muito particular. Cada um vai expressar de uma forma, e é isso que importa: o resgate dos potenciais de cada um, porque ninguém é igual a ninguém, cada um é um ser único, pois a natureza não se repete. Portanto, nada de comparações. Empreste uma voz para o objeto de seu medo, e sinta o que é que está negando em si mesmo.

Nos cursos de biodança que costumo ministrar há uma aula onde trabalhamos criatividade. Sugiro que um animal "apareça" para cada um dos alunos e que eles "sejam" o animal que lhes apareceu. Num determinado curso, havia oito "tigres" na sala, cada um com seu jeito tão individual que não houve paralelo de comparação. Isso mostra o aspecto da individualidade de cada indivíduo, e a necessidade que cada um tem de descobrir quais os potenciais, forças e virtudes que tem negado em si mesmo. São esses potenciais, forças e virtudes que o medo quer lhe mostrar, para que você os resgate e use, só que em seu próprio benefício.

Os medos geralmente representam uma inversão. Uma pessoa pode sentir um grande medo de seguir em frente num projeto porque acha que correrá riscos, que será perigoso, porque teme o fracasso etc. Na realidade, se ela analisar melhor, perceberá que o risco e o perigo estão em ficar, que já se sente uma fracassada justamente pela não ação, ou seja, ela já lida com isso no aqui e agora. O medo significa uma mensagem essencial, mostrando que ao parar e não se arriscar o indivíduo estanca, e, com isso, "morre existencialmente". A interpretação fóbica faz a pessoa estagnar, e o medo permanece como forma de chamar sua atenção para os potenciais que ela possui para enfrentar os riscos. Afinal, desde seu nascimento, quantos riscos e situações novas ela já não enfrentou? Eu gosto de pensar dessa forma, refletindo em quantas situações já vivenciamos, sendo todas elas novas, é claro, e sempre tivemos uma reação adequada em cada caso, a cada momento. Se nos apegássemos mais a este fato, de que temos potenciais e reações adequadas para enfrentarmos o novo todo dia, não seríamos tão ansiosos, medrosos ou negativos, não é mesmo?

Assim, novamente podemos constatar que os nossos medos neuróticos representam potenciais, forças e energias que foram reprimidos e estão represados por nós mesmos, dentro de nós, por conta das atitudes que aprendemos a ter para conosco. Quando percebemos e integramos esses potenciais, o medo desaparece, já que o seu objetivo era nos fazer perceber e integrar esse potencial reprimido e mal direcionado.

Técnicas para dominar e trabalhar os medos

A seguir, descrevo algumas chaves e técnicas para dominar e trabalhar os medos como forma de reflexão, e sugiro que você utilize algumas delas e perceba como são eficazes.

Imaginação e sensação. Imaginar-se, frente a objetos e situações de medo, e perguntar-se "O que há de bem terrível nisso?" "Qual a pior coisa que sentiria frente a isso?", até chegar às sensações que, com certeza, você já vivencia no presente, em função de suas atitudes. Tomar consciência e modificar as atitudes, percebendo e resgatando os potenciais reprimidos. Digamos que a pior sensação de uma pessoa seria sufoco ou fraqueza, perante uma dada situação. Essa pessoa deve perceber como se sufoca e se enfraquece através de suas atuais e habituais posturas e atitudes exigentes, críticas e cobradoras. Precisa, então, mudar as atitudes e refletir sobre os seus potenciais, energia, força e poder que devem ser usados externamente, e não para si mesma.

Resgate de potenciais. Ver a realidade dos seus potenciais e perceber o quanto você já os tem usado, não em prol de si mesmo, porém em função dos outros. Exemplo: uma mãe que cuida da casa, dos filhos, da família, enfim, de tudo, menos de si mesma. Potenciais, é claro que ela os tem, só que não os utiliza no sentido de também se responsabilizar por si mesma, e com isso acaba anulando-se. A natureza é muito clara: se você tem potenciais, use-os tanto para si como para os outros. A natureza pede para incluir-se no seu contexto de vida, para que pare de se excluir por conta dos hábitos adquiridos. Usar os potenciais de forma unilateral cria instabilidade, e a natureza vai empurrá-lo para resgatar o equilíbrio gerando medos, por exemplo, para que você perceba direito como utiliza seus potenciais.

Exploração das origens e circunstâncias que acompanharam o aparecimento do medo. Exemplo 1: medo de algum animal, e a pessoa foi atacada por um na infância. É natural, mediante vivências reais e traumáticas que a pessoa conserve o medo. Para quem foi atacado, por exemplo, por um cachorro na infância, é importante entender qual a impressão que ficou, uma vez que o fato de ser pequena na ocasião pode ter conservado a impressão de que o cachorro fosse extremamente grande. Hoje, como adulta, é importante discernir e perceber o perigo real que um cachorro oferece (relativo ao tamanho, ao índice de agressividade etc); pode lançar mão de seu senso de preservação natural para, por exemplo, não se aproximar de um cachorro que não conhece, ou ainda, perceber que pode gritar com o cachorro e assustá-lo. O que não pode continuar sentindo é a extrema sensação de impotência perante qualquer cachorro, sem atentar para as alternativas de ação que possui. É necessário resgatar a força que conferiu ao animal, pela impressão de uma situação que hoje é bem diferente. Pode também avaliar o que o "cachorro" lhe transmite, como potenciais que provavelmente são seus, fazendo o exercício como descrito no item anterior.

Exemplo 2: um rapaz sentia um medo inexplicável perante homens grandes e gordos que lhe fossem hierarquicamente superiores. Explorando seus antecedentes, descobriu-se que um homem com tais características o havia ameaçado com uma faca quando tinha doze anos. Sentiu-se tão intimidado, que criou uma ideia associativa de ameaça frente a pessoas grandes e gordas que ele considerava superiores a ele, pois naquele momento sentiu-se frágil e inferior ao tal homem. Descoberta a causa, desapareceu o medo, mesmo porque as lembranças de fatos reais acabam sendo distorcidas pelas impressões que permaneceram.

É claro que, quando pequenos, uma determinada situação pode nos ter parecido extremamente intensa, causando um trauma; porém, é importante que hoje tomemos consciência de que crescemos, e que precisamos perceber a realidade como ela é e reconhecer nossos potenciais para atuar com os nossos medos e enfrentá-los.

Uma cliente minha tinha um medo enorme de taturanas porque em sua infância foi queimada por uma. E a cada vez que via uma taturana em seu jardim, suava frio e tremia. Fizemos um trabalho de aproximação sucessiva, de modo que inicialmente pudesse refletir sobre o tamanho da lagarta e o seu próprio tamanho, e percebesse o quanto ela cresceu desde sua infância; foi proposto que olhasse para a taturana, respirando fundo para controlar a ansiedade e para perceber sua realidade e potenciais atuais para lidar com o animal. Com isso, chegou o momento de pegar uma vassoura e esmagar a taturana, com muita raiva, por causa de todo o medo que esta lhe tinha causado. Também percebeu que podia recolhê-la e levá-la até um matinho próximo, e não necessariamente matá-la. É importante entender que as impressões que trazemos foram formadas em uma outra época, e que hoje podemos enfrentar uma realidade diferente, para apagar e resolver essas impressões.

Procurar agir em vez de preocupar-se. O ideal é focar ações específicas, em vez de ficar divagando em pensamentos amedrontadores e catastróficos, para não criar ansiedade negativa. Algumas pessoas enfrentam situações temidas, evitando pensar nelas, e no meio tempo se ocupam com outro foco. Exemplo: medo de uma cirurgia. Vou tomar como exemplo o comportamento de minha mãe. Frente a uma histerectomia que necessitava fazer e que a preocupava, ela passou os quinze dias anteriores à cirurgia limpando e organizando tudo o que encontrava pela frente, como forma não só de colocar outro foco em sua mente que não o medo, mas também de criar uma "limpeza e organização" mental que a auxiliou a enfrentar o momento da cirurgia. Estas são atitudes simbólicas que ajudam a lidar com a ansiedade, mediante o agir, como forma de gastar a energia acumulada com os pensamentos de preocupação.

Refletir sobre o medo. O medo, quanto mais vago e confuso, mais aflige. É interessante perguntar-se: O que realmente temo? Por quê? Em função do quê? Qual a probabilidade de que o que temo ocorra? E, se ocorrer, será tão desastroso como temo? A imaginação sempre sobrecarrega as emoções de forma um tanto quanto negra e nefasta. Quando você entra em contato real, quando percebe que eventualmente a probabilidade de acontecer o que você teme é muito remota ou improvável, quando toma consciência de que teria todas as condições de enfrentar o que teme, muito dessas emoções catastróficas cedem e você acaba se tranquilizando. Exemplo: medo de terremoto. Qual a chance de um terremoto acontecer aqui no Brasil? Muito pequena e praticamente improvável, de acordo com estudos geográficos e sísmicos. E, se acontecesse, o que você faria? Talvez percebesse e pudesse sair correndo para o meio da rua. Isso lhe dá condições para verificar a próxima chave, que é justamente o enfrentar os medos. Digamos que uma pessoa teme perder o emprego. Confrontar o medo seria começar a pensar quais as alternativas que teria se isso acontecesse. Ao perceber que elas são várias, e que provavelmente não sucumbiria a este fato, o medo de perder o emprego já não será mais tão terrível. O foco também tem que estar em desempenhar bem o seu trabalho, em aprimorar-se, o que é bem mais sensato do que só focar as ideias de medo.

Você pode enfrentar os medos. Tomando os exemplos citados e supondo que isso aconteça, pondere o seguinte: não passaram outras pessoas por situações semelhantes, sobreviveram, foram felizes e conseguiram reconstruir suas vidas? Ao imaginar o pior que possa acontecer e, ao aceitá-lo, acharmos uma solução humana ou divina, vencemos o nosso medo exagerado. Durante um curso com o psiquiatra José Ângelo Gaiarsa, uma senhora colocou o grande medo que sentia perante a ideia de que seu filho sofresse um acidente de carro e viesse a morrer. Cada vez que ele saía com o carro, ela entrava em delírios negativos com sua morte. O dr. Gaiarsa propôs a ela que, em sua imaginação, fizesse o enterro do filho, imaginando-o em todos os detalhes. Depois desse exercício, que, é claro, foi bastante pesado para a tal senhora, ela concluiu o seguinte: "Acho, que, apesar dos pesares, eu conseguiria sobreviver". Veja que interessante, e é por isso que ao enfrentar os medos dentro da nossa imaginação talvez possamos perceber que sobreviveremos, e mais, que sempre poderemos fazer alguma coisa, sempre teremos alguma alternativa ou saída. Já percebi que muitas pessoas conseguem trabalhar bem um medo quando se oferecem alternativas e saídas, no caso de uma catástrofe ou fracasso.

Há uns bons anos fiz uma dívida grande, para o que ganhava na época, e fiquei uma noite sem dormir, preocupada, pensando se conseguiria pagar tudo sem grandes problemas. Comecei a pensar quais as alternativas que teria se me faltasse o dinheiro necessário. E concluí: "Se precisar, vendo meu carro". Apesar de não ter achado a ideia tão interessante, senti que havia uma saída. Resolvi dar um voto de confiança para mim e para a vida, e relaxei; e deu certo, pois paguei tudo em dia e não precisei vender o carro. Talvez este seja um pequeno exemplo perante um grande medo, porém o mecanismo é o mesmo: quando percebemos que há alternativas, ou que não morreremos pelo fato, relaxamos e o medo diminui.

NOTA: o medo exagerado de terremoto em nossa realidade, justamente por ser remotíssima essa possibilidade, pode significar uma tremenda energia de ação e destruição que a pessoa pode estar retendo em seu interior, energia esta que poderia ser usada para destruir seus padrões defensivos, que reprimiram o seu entusiasmo e genuinidade.

Controlar a imaginação. É muito importante que a princípio você aceite o seu medo como um conselheiro e amigo, e, assim, fazer a sua parte. Porém, se deixar o medo crescer muito, ele vai paralisá-lo. Por exemplo: uma pessoa que sofreu um assalto sente-se traumatizada e vai ficar com medo de ser assaltada de novo. O que fez essa pessoa atrair o assalto? Segundo as leis metafísicas, atraímos acontecimentos sintonizados com a nossa vibração no momento, principalmente quando não estamos de posse de nossas melhores atitudes. Uma pessoa pode atrair um assalto, quando, por exemplo, mantém atitudes através das quais se deixa invadir por conteúdos externos, por críticas ou comentários que ela absorve, sem se posicionar, ou seja, posturas que a tornam vulnerável; isso pode atrair o assaltante, que invade e rouba algo seu. É claro que isso não é igual para todo mundo, cada caso é um caso, e é interessante que se analise individualmente a questão. Porém, quando acontece um assalto, pode ficar o medo de que aconteça novamente. O que fazer? Uma coisa importante seria essa pessoa aceitar o medo, que, como amigo, lhe diz: "Tome cuidado, faça sua parte, esteja mais alerta, tenha cuidado com suas atitudes". Se a pessoa considerar os conselhos do medo, continuará fazendo suas coisas e sentir-se-á mais segura. Porém, se deixar que o medo a paralise, talvez isso faça com que pare tudo e não saia mais de casa. Seria isso o melhor? Creio que não; o correto é que a pessoa se conscientize das atitudes e posturas mantidas e que atraíram o fato, que, na prática, tem o objetivo de lembrá-la de que já pode atuar melhor do que vem fazendo. Se tiver aprendido com a experiência, fará sua parte, enfrentará o medo e continuará realizando tudo normalmente. Outra coisa: cada vez que o medo vier à mente, deverá rever suas melhores atitudes para consigo mesma, ficar no aqui e agora, e sempre perceber que "nada neste momento está acontecendo". Controlar a imaginação é colocar uma ordem na cabeça, afirmando: "Aceito o meu medo, vou fazer minha parte, mas neste momento nada está acontecendo". Respire fundo e centralize. Não podemos deixar que o medo nos paralise; isso é errado, porque, assim, cedemos a ele, acomodamo-nos, e simplesmente não crescemos.

Opor ideias contrárias ao medo. Exemplo: diante do medo de fracassar, observe todas as situações em que você venceu; note que, mesmo se as coisas não saírem a contento, que experiência você pode tirar disso? É importante que você se valorize, seja otimista, e isso vai impulsionar uma ação positiva para controlar o medo. Lembre-se: a energia que você gasta para imaginar o pior é a mesma que poderia usar para imaginar uma probabilidade positiva. Costumo comparar nossas ações e expectativas a um triângulo isósceles. O ápice do triângulo representa seu ponto de ação. Os ângulos inferiores representam as expectativas, que, matematicamente, são 50% positivas e 50% negativas, enquanto não fizer nada para ver o que acontece. Seu ponto de ação vai ficar fora do equilíbrio se você jogar muitas expectativas para um dos lados, positivo ou negativo. A menos que dê o primeiro passo, nunca saberá o que acontecerá, de positivo ou negativo, e, mesmo se o resultado não for muito bom, você sempre poderá aprender algo a ser utilizado no próximo passo, porque nenhuma aprendizagem é perdida, porém acumulada. Perceba, então, que uma forma de lidar com o medo é mudar a ótica catastrófica. Ninguém pode adivinhar o futuro; assim, se você não agir, ou se não der o primeiro passo, nunca vai saber como as coisas serão.

O não fazer, o não agir, com certeza só fará com que fique no *status quo* zero, no nada, condição essa que você já conhece muito bem, justamente pela não ação. E veja, então, que a não ação é o resultado do medo aumentado que só o paralisa. Às vezes, você pode até achar que arriscar-se é perigoso, e pode até ser mesmo, como qualquer situação nova que sempre traz um determinado risco. O que o ajudará a agir é a percepção do quanto a sua acomodação na atual situação é insatisfatória; pode ser que você se sinta seguro porque tudo é muito conhecido e habitual, porém, será que está feliz, satisfeito? Sinta e se permita correr o risco. Você poderá ganhar em confiança e coragem, à medida que perceber que nada será tão terrível quanto imagina.

Buscar informações e pesquisar. Muitos dos nossos medos podem ser diminuídos e eliminados quando buscamos compreendê-los através de pesquisas e informações. O medo de raios e trovões, por exemplo, pode ser bastante minimizado quando uma pessoa entende o processo de formação, o porquê do barulho, como se proteger etc. O medo de ser contaminado por uma determinada doença pode ser eliminado através da informação sobre as condições em que a doença realmente é ou não transmitida. Quantas pessoas têm um medo absurdo de pessoas soropositivas, porque desconhecem os detalhes sobre o processo de contágio. Já ouvi clientes dizerem que, em sua infância, receberam algumas ideias bem absurdas sobre o processo de gravidez. Em função disso, tinham a impressão de que, se ficassem muito próximas a um rapaz, ou se sentassem numa cadeira ainda quente, onde um homem tivesse se sentado há pouco, poderiam engravidar. Ora, imagine o medo que a falta de verdade e informação correta geraram. Outra coisa absurda que acontecia há alguns anos era a falta de informação sobre a primeira menstruação. Por causa da dificuldade de a família falar naturalmente sobre isso, quanto medo, quanta ansiedade ocorreu na cabeça de muitas garotas, quando de sua primeira menstruação. Cheguei a ouvir relatos de algumas mulheres que, ao menstruarem pela primeira vez, achavam que estavam sendo punidas por terem cometido algum "pecado", ou que iriam sangrar até morrer. Assim, é importante e necessário que nos informemos sobre o que tememos e desconhecemos, lembrando que o medo do desconhecido é natural.

Outro aspecto interessante é questionar as crenças e valores que recebemos de nossos pais e de nossa família. Muito do que foi importante para eles, ou que eles acreditavam, hoje pode não ter sentido para você, se houver uma reflexão a respeito. Para mim, o verdadeiro amadurecimento emocional requer uma completa investigação e questionamento sobre os valores e ideias que recebemos. Aqui vai uma sugestão: relacione os valores que recebeu de seus pais. Reflita sobre cada um e procure sentir se esse valor faz sentido para você, ou se só o carrega porque o recebeu e nunca refletiu a respeito. Quando perceber quais são os seus valores, e quando ficar com suas próprias investigações, baseadas no seu verdadeiro sentir, sem dúvida poderá se considerar um indivíduo integrado consigo mesmo e com maturidade emocional. É importante respeitar os valores e crenças de seus pais e familiares, e entender que eles fizeram o melhor que puderam, porém, é essencial e necessário dar-se a liberdade de escolher e valorizar os princípios e valores que são seus porque sente que significam sua verdade.

Trabalhar autoconhecimento e percepção de limites. Eventualmente o medo pode ser de si mesmo. Tenho ouvido muitas colocações por parte de alguns clientes, do tipo: "Tenho medo de minha agressividade", "Tenho medo de minha coragem", "Tenho medo de minha impulsividade", "Tenho medo de minha capacidade de ajudar", "Tenho medo de amar", "Tenho medo de dizer o que penso". Frases como estas denotam um distanciamento e enorme desconhecimento dessas pessoas sobre seus potenciais e genuíno jeito de ser. É como se elas estivessem falando de alguém que não conhecem em absoluto. Essas pessoas talvez se enquadrem no contexto "perfeccionista", por conta do qual acabam desenvolvendo um ego cobrador, que lhes exige sempre agirem de forma adequada e correta para os outros, modelos estes que, enfim, lhes tolhem totalmente a espontaneidade e a naturalidade. Ou, ainda, porventura se enquadrem em contextos em que foi reforçado não expressarem seus sentimentos, a fim de não se exporem às possíveis críticas e rejeições. Por serem tão contidas, acabam desenvolvendo medos de si mesmas, e isso só quer mostrar a essas pessoas o quanto de seus potenciais e forças naturais foram podados e contidos ao longo de suas vidas. É um fato, por exemplo, que existe uma enorme quantidade de energia de firmeza e posicionamento guardada por trás da raiva e agressividade. Mas, por medo de parecer inadequado, o indivíduo se sabota, cobra-se perfeição, magoando-se e contendo-se através dessa cobrança. Logo, é claro que vai ter medo de sua agressividade, porque lá encontrará tanta força para ser ele mesmo e apoiar-se, que haverá um conflito com o modelo de adequação que ele se cobra desempenhar. Assim, percebemos que o medo só está lá querendo mostrar-lhe potenciais de energia e força que tem usado inadequadamente contra si mesmo.

"O que nossos medos evitam que nos aconteça?"; **"Como é que os nossos medos nos preservam?"** Muitas vezes os medos nem são tão intensos, mas podem gerar mecanismos de acomodação. Assim, as questões acima são relevantes para serem investigadas, uma vez que por conta do aspecto preservador de alguns deles as pessoas se acomodam e geram comportamentos de resistência. Tomemos, por exemplo, uma pessoa com baixa autoestima, que, além de não confiar no seu potencial, não quer correr riscos e também não se sente merecedora de nada de bom. Ela não irá em frente, não agirá porque se sente insegura e apoiar-se-á nisso para se sabotar inventando desculpas, mil razões para não correr riscos, e, com isso, não se expõe e se torna avessa a mudanças. Nesse caso os medos, apesar de serem difusos e não específicos, e serem reflexo da insegurança dessa pessoa, são preservadores, pois ela, quando em contato com sua insegurança, não se arrisca, não comete erros, não entra em aspectos desconhecidos que lhe trazem ansiedade. Logo, acaba num processo de acomodação bastante grande, e espera que alguém a tire de lá ou faça algo por ela. Nesse caso, é comum que não haja queixa de medos, pelo contrário, é interessante não se queixar e muito menos tentar resolvê-los, pois a acomodação é maior do que a vontade de agir de forma diferente. Em geral, são pessoas muito passivas e acomodadas, só que, se questionadas como se sentem em sua vida, não dirão que estão felizes ou satisfeitas. E o que acontecerá invariavelmente nesse processo, com o tempo, é o fato de que essas pessoas acabarão ficando tão insatisfeitas que incorrerão em desenvolver ainda mais medos. Apesar de difusos, como já dissemos, tais medos funcionam como uma espécie de empurrão de sua natureza, querendo que ela amadureça e perceba todas as capacidades e potenciais reprimidos. Elucidando com um exemplo: uma cliente iniciou um curso de Direito, e, quando houve a necessidade de fazer seminários e falar para a classe, desistiu, alegando que achava que não gostava do curso. Ao longo de alguns anos, sentia internamente um mal-estar e ansiedade, bem como certo conflito — de um lado uma enorme vontade de voltar ao curso de Direito, até imaginava-se exercendo a profissão de advogada e gostava disso, só que, ao mesmo tempo, havia uma angústia, como se a ideia não fosse boa. Foi quando veio para a terapia; percebemos, pelo seu histórico, que na sua infância houve grandes repressões e imposições, e entendeu que não deveria falar "besteiras", senão apanhava. Entenda-se aqui que "besteiras" significavam o que ela pensava ou sentia. Logo, vemos que lhe foi reforçada a ideia de que se ficasse muito quieta, se nunca expressasse o que pensava, não correria o risco de apanhar, ou de desagradar, ou ainda de ser rejeitada pelas pessoas. Então, podemos ver que o medo de falar e de se expor, desenvolvido por ela, tinha a função de autopreservação, pois, assim, não corria riscos e era essa a sua defesa. Interessante é que sua natureza reprimida começou a aparecer através da vontade de fazer o curso de Direito, e é claro que isso gerou conflitos quanto aos decretos de sobrevivência incorporados. Ela teve que entender todo esse processo defensivo e começar a se apoiar em sua vontade, que traduzia sua natureza verdadeira, afinal, sua vontade estava lhe mostrando que não era tão quieta e passiva quanto aprendeu a ser. Depois de um tempo em terapia, retomou o curso e não encontrou mais dificuldades nos seminários e em se expor perante a classe. Assim, pondere como é importante o ato de se conhecer melhor e de criar condições para se perceber e prestar atenção naquilo que você é e sente.

Garanto que, se essa pessoa não tivesse feito terapia, muito provavelmente seria mais uma a sofrer de depressão ao longo do tempo, com um somatório enorme de sentimentos de tristezas e insatisfações. O fato de nos conhecermos melhor e de identificarmos como lidamos com nós mesmos só irá, com certeza, conduzir à eliminação de inseguranças e muitos medos neuróticos que sentimos.

Técnicas cognitivas para lidar com quadros fóbicos

Uma reflexão bastante importante que o fóbico deve fazer, diante de um determinado medo, é a seguinte: "Você sente esse medo, mas não é o medo em si, você é você, é a pessoa que sente o tal medo, porém não pode confundir sua individualidade com o medo".

Isso é interessante no processo de desidentificação do medo, a fim de colocá-lo como algo a ser lidado e que está sob o comando da individualidade e não o contrário. Esta percepção é realmente muito importante ao trabalhar com técnicas de desidentificação e dessensibilização, como as descritas a seguir.

Na psicoterapia cognitiva há um método de dessensibilização, que é um sistema de confrontação gradual com o estímulo fóbico, com a finalidade de reduzir a ansiedade e preparar a pessoa para a real exposição ao objeto/circunstância do seu medo; ou seja, é um treino de enfrentamento, que pode ser feito através da imaginação e não ao vivo, como também pode ser realizado com o indivíduo presente em cada etapa. O objetivo é criar uma autoexposição gradual ao estímulo fóbico. Sugere-se que pessoas cardíacas e hipertensas consultem seus médicos antes de tentarem o exercício.

O método consiste em criar uma hierarquia ou passos de aproximação sucessiva ao estímulo fóbico, começando pela mais fácil ou menos intensa. Após a construção da hierarquia, ocorre a autoexposição gradativa perante cada etapa, na qual a pessoa deve permanecer em contato com o objeto ou situação fóbica, até que sinta um decréscimo de pelo menos 50% na intensidade da ansiedade experimentada. As hierarquias devem conter de cinco a doze etapas ou passos, em média. Este modelo de hierarquias pode ser usado para vários quadros fóbicos, tais como medo de avião, insetos, claustrofobia, medo de altura etc. A seguir, alguns quadros e exemplos de hierarquias.

Medo de animais. Medo de baratas — Proposta de hierarquia (por ordem crescente de ansiedade):

1. Visualizar de longe (a uma boa distância) o desenho de uma barata em branco e preto.
2. Visualizar uma gravura colorida de uma barata, a uma distância menor.

3. Olhar uma foto de uma barata a curta distância.
4. Olhar várias figuras de barata num livro, por exemplo, ou no computador.
5. Assistir a um filme com baratas. Exemplo: *Joe e as baratas.*
6. Olhar e depois segurar uma barata de plástico ou de borracha.
7. Segurar um recipiente de vidro com uma barata morta.
8. Olhar para um recipiente com uma barata viva.
9. Segurar o recipiente com uma barata viva.
10. Tentar matar uma barata solta.

Veja que a lista acima enumera situações, nas quais a sensação de medo aumenta progressivamente. Alguém que tenha esse medo pode começar a fazer autoexposições, começando pelo nível mais baixo de ansiedade. Cada sessão de exposição deve ser realizada até que a pessoa sinta que há um decréscimo de pelo menos 50% no nível de ansiedade. Após um determinado número de sessões, e quando a ansiedade for zerada, a pessoa deve passar ao item seguinte da hierarquia exemplificada acima.

Medo de altura — Proposta de hierarquia:

1. Subir em um degrau de uma escada.
2. Subir vários degraus da mesma escada.
3. Subir e descer em uma escada rolante.
4. Ficar numa sacada no primeiro andar de uma casa ou edifício.
5. Subir em uma árvore.
6. Atravessar uma passarela.
7. Ficar em sacadas no terceiro ou quarto andar de um edifício.

8. Ir a um mirante.
9. Ir até o topo de um edifício com vista panorâmica.

Você pode elaborar uma lista com etapas para cada um de seus medos e poderá treinar como foi explicado, em sessões de exposição, um item de cada vez, até que sua ansiedade seja zerada, quando então poderá passar ao próximo item, e assim por diante.

Medo de dirigir — Proposta de hierarquia:

1. Entrar no carro e dar a partida. Repetir este item várias vezes por dia durante alguns dias.
2. Manobrar o carro dentro da garagem. Tirar o carro e colocá-lo de volta.
3. Tirar o carro da garagem, manobrar na mesma rua e voltar.
4. Dar uma volta pelo quarteirão.
5. Dar voltas ao longo de três quarteirões ou mais, por ruas pouco movimentadas.
6. Dar voltas em ruas com maior movimento.
7. Dirigir em avenida próxima à sua casa.
8. Dirigir em avenida mais distante.
9. Dirigir em uma via expressa.
10. Dirigir em uma rodovia.

Cada etapa deve ser treinada até que a ansiedade seja zerada. Não passe para uma próxima etapa se ainda estiver inseguro e ansioso. Nada de pressa. A ideia é ganhar confiança trabalhando uma etapa de cada vez.

Agorafobia — Estabelecendo objetivos:

A meta é estabelecer objetivos com dificuldade gradativa, desde sair de casa a pé e dirigir-se para locais fechados e cheios, a serem enfrentados através de etapas classificadas de 0 a 10, segundo o nível de ansiedade.

1. Ficar em frente ao prédio ou casa onde mora.
2. Ir à banca de jornais na esquina, ou somente andar até a esquina mais próxima de sua casa.
3. Dar uma volta no quarteirão.
4. Ir até a padaria mais ou menos a dois quilômetros de casa.
5. Ir a casa de um amigo mais ou menos a três quarteirões de casa.
6. Ir a uma loja próxima de casa.
7. Ir até o parque a cerca de três quilômetros de casa.
8. Ir ao banco mais próximo de sua casa.
9. Ir a um shopping e ficar parado no carro dentro do estacionamento.
10. Entrar no shopping em horário de menor movimento.

Comece o trabalho de exposição aos estímulos externos pelo menos três vezes por semana. Aqui a frequência é mais importante do que o tempo de exposição, que deve ser o adequado, até sentir que sua ansiedade diminuiu pelo menos 50% do que estava inicialmente. Anote, dando uma nota para o nível de ansiedade no início do exercício e no final, especificando como se sentiu ou se saiu em cada etapa. Trabalhe uma etapa de cada vez, até zerar sua ansiedade. Se uma etapa lhe parece muito difícil, substitua por outra que seja meio termo. Se inicialmente lhe for difícil realizar sozinho uma determinada etapa, procure executá-la na companhia de alguém, até zerar o nível de ansiedade; após isso, tente realizar cada etapa sozinho.

Claustrofobia — Medo de utilizar o metrô — Proposta de hierarquia: sistema de dessensibilização.

Nesta hierarquia, cada passo deve ser imaginado, e a pessoa deve permanecer em cada etapa, até que o nível de ansiedade diminua bastante.

1. Imagine-se caminhando em direção a uma estação de metrô.
2. Imagine-se entrando na estação.
3. Imagine-se comprando o bilhete.
4. Imagine-se passando pela catraca.
5. Veja-se descendo as escadas rolantes.
6. Veja-se aguardando na plataforma em meio a poucas pessoas (horário de pouco movimento).
7. Veja-se aguardando na plataforma em meio a muitas pessoas.
8. Visualize-se entrando no vagão e percorrendo um trajeto pequeno, em vagão com poucas pessoas (horário de pouco movimento).
9. Idem em horário mais movimentado.
10. Visualize-se em vagão lotado.
11. Imagine-se em trajetos mais longos, ainda com pouco movimento.
12. Idem em vagões mais cheios.
13. Imagine-se em vagões que chacoalham durante o trajeto.
14. Imagine que o trem para na estação e a porta não abre.
15. Imagine que o metrô para dentro do túnel.

Procedimento: Respire profundamente algumas vezes, buscando relaxar; visualize o primeiro item da hierarquia proposta durante alguns segundos. Apague a cena na mente. Relaxe e repita mentalmente: *Eu estou calmo, completamente calmo*. Repita o procedimento com a mesma cena até que não sinta mais ansiedade, e assim por diante, a cada cena. Treine diariamente e, se possível, duas vezes ao dia.

A finalidade é diminuir a ansiedade situacional.

Quando houver domínio sobre todas as etapas propostas, experimente a exposição ao vivo, iniciando pela etapa 0.

Respirar — O ato de respirar, e, com isso, exercer centralidade, é vital para trabalhar com os nossos medos. Precisamos aprender a respirar conscientemente, para adquirirmos controle sobre os nossos pensamentos, para que possamos perceber que o fato de ter medos é normal, mas que não podemos nos deixar paralisar pelos nossos delírios e fantasias. A respiração correta traz equilíbrio, centralidade, vitalidade, e, para isso, é importante que você treine diariamente, a fim de lembrar de lançar mão dessa técnica poderosa nos momentos de maior medo.

Transcrevo a seguir uma técnica de alfagenia, bastante interessante para ser treinada porque consiste em visualizações, através das quais o indivíduo pode conseguir trabalhar autoconfiança, com relação a alguns medos.[1]

---

1 No livro *Ansiedade sob controle*, estão relacionadas inúmeras técnicas e exercícios de respiração, meditação, alfagenia, relaxamento e biodança, que são extremamente benéficos e podem ser usados também para trabalhar centralidade e controle com relação aos medos. Você poderá consultar essas técnicas e exercícios, escolher dois ou três entre todos eles e treiná-los, que, com certeza, se sentirá beneficiado com isso, independentemente do seu grau de medo ou pânico.

Técnica do lugar de descanso — lugar agradável — A totalidade desta técnica consta do CD *Ansiedade sob controle — Resgatando a autoconfiança.*

Acomode-se sem pressa numa posição confortável.

Comece prestando atenção à sua respiração... não modifique nada, apenas perceba o ar entrando pelo seu nariz... procure inspirar pelo nariz e expirar pela boca... faça isso algumas vezes. coloque sua atenção no processo de respirar... o ar que entra pelo nariz e expande o peito e o abdome... o ar que é expelido na expiração e relaxa o corpo... inspirando e expirando... inspirando agora profundamente pelo nariz... e expirando lentamente pela boca.

Vamos contar de 10 a 0; procure imaginar cada número como se estivesse escrito numa parede imaginária à sua frente, e a cada número você vai relaxar uma parte do seu corpo, completamente.

Dez... visualize o número dez... imagine o número dez escrito numa parede imaginária à sua frente... e ao visualizá-lo sinta que sua cabeça e couro cabeludo se soltam e relaxam.

Nove... visualize o número nove... nove... sinta que todos os músculos de seu pescoço e nuca se soltam e relaxam... sinta o ar de sua respiração passando pela garganta facilmente... livremente.

Oito... visualize o número oito ... oito... relaxe os ombros... solte os pesos dos ombros... sinta toda a coluna soltando-se, vértebra por vértebra... relaxe suas costas, sinta toda a extensão de suas costas soltando e relaxando.

Sete... visualize o número sete... sete... relaxe completamente seu braço esquerdo, desde o ombro até a mão e os dedos da mão esquerda, todo o braço esquerdo completamente solto e relaxado.

Seis... visualize o número seis... seis... relaxe completamente seu braço direito, desde o ombro até a mão e os dedos da mão direita... todo o braço direito perfeitamente solto e relaxado.

Cinco... visualize o número cinco... cinco... sinta o seu tórax e abdome relaxando... a cada inspiração expandindo o seu peito e todos os músculos e nervos se soltando na expiração... tórax... peito... abdome... completamente soltos e relaxados... criando tranquilidade... relaxando toda a musculatura... suavemente... sua respiração é calma e tranquila.

Quatro... visualize o número quatro... quatro... sinta toda a extensão de sua perna esquerda relaxando totalmente... coxa... joelho... perna e tornozelo... toda a perna esquerda completamente solta e relaxada.

Três... visualize o número três... três... sinta toda a extensão de sua perna direita relaxando completamente... coxa, joelho, perna e tornozelo... toda a perna direita completamente solta e relaxada.

Dois... visualize o número dois... dois... relaxe o pé esquerdo... sinta todos os músculos e ossinhos de seu pé esquerdo completamente soltos e relaxados.

Um... visualize o número um... um... relaxe o pé direito... sinta os músculos e ossinhos de seu pé direito completamente soltos e relaxados.. seus pés totalmente soltos e relaxados.

Zero... visualize o número zero... zero... sinta o corpo completamente relaxado... coloque sua atenção em seu cérebro... dentro de sua cabeça... e imagine que seu cérebro é como uma mão fechada que vai se abrindo... soltando... expandindo... completamente.

Neste momento você se encontra num estado de grande calma, serenidade e tranquilidade... neste momento, todos os músculos e nervos do seu corpo se encontram profundamente... completamente...

soltos e relaxados... todos os órgãos de seu corpo funcionando em perfeita harmonia.

Cada vez que quiser atingir esse estado de relaxamento e harmonia, basta que conte vagarosamente de 10 a 0, e você se sentirá totalmente relaxado, maravilhosamente sereno e tranquilo.

Agora projete-se mentalmente para um local bem bonito. Pode ser uma natureza agradável que você já conhece ou um local que lhe venha à mente agora. Projete-se mentalmente para este local... vamos chamá-lo de seu local de descanso... observe este local e sinta as boas energias que existem aí. Visualize-se neste local... veja-se em sua melhor imagem... você se visualiza calmo, sereno... tranquilo... sinta e absorva essa imagem de si mesmo... saudável... sereno. Visualize-se alegre, bem disposto e realizando facilmente as coisas que gostaria de realizar... visualize-se atuando de maneira fácil, tranquila e autoconfiante com relação aos seus medos. Sinta... visualize-se atentamente e desfrute do bem-estar de se sentir muito bem disposto, saudável e com uma aparência radiante.

(Aqui você pode visualizar-se atuando com muita autoconfiança com relação aos seus medos, sentindo que consegue enfrentá-los, dominá-los, fácil e corajosamente).

Fique um tempo nesse local, e sinta-se cada vez melhor...

Muito bem... agora vamos voltar ao aqui e agora... vamos contar até cinco e quando chegar no cinco... você estará se sentindo muito bem disposto... serenamente alerta... sentindo-se maravilhosamente bem, revigorado... e carregará essas boas sensações pelo resto do dia... e pelos próximos dias.

Um...dois...três... acelerando o cérebro... quatro ... movendo vagarosamente os dedos das mãos e dos pés... respirando profun-

damente duas ou três vezes... presentificando o seu corpo no aqui e agora.

Cinco... totalmente alerta... aqui e agora... sentindo-se revigorado... abrindo os olhos... e sentindo-se maravilhosamente bem disposto.

Esta é uma técnica de alfagenia muito poderosa; o importante é que você a aprenda e obviamente se proponha a treiná-la, decorando-a, para poder lançar mão dela quando vivenciar uma situação estressante, e no dia a dia como um processo de relaxamento e meditação. No CD *Ansiedade sob controle*, você encontra outras técnicas para facilitar o controle da ansiedade, estresse e para conferir centralidade.

Osho, no livro *Criatividade*, nos fala de uma interessante forma de respirar, quando nos encontramos desamparados, e com o objetivo de promover integração com a natureza. Partindo do ponto de que Deus é o Todo à nossa volta, inspire mentalizando "trago Deus para dentro de mim", e ao expirar, mentalize "estou me colocando dentro de Deus". Bonito, não é mesmo?

Finalizando, reflita que **os medos servem para que nos conheçamos melhor e também para nos dar dicas sobre as forças e potenciais que estamos reprimindo.** Assim, pegue o seu medo pela mão, aceite-o e analise-o carinhosamente: o que ele quer lhe mostrar a respeito de si mesmo?

Lembre-se: "Os medos são a repressão de nossos potenciais e entusiasmo".

COMENTÁRIOS finais

O ego é a sua morte; e a morte do ego é o começo de sua vida real.
A vida real é criatividade, expressão do ser si mesmo, ou da natureza que flui através de você. Não deixe que sua vida se torne um ritual morno.
Deixe que ela tenha algumas coisas misteriosas, para as quais você não tem explicação. Deixe que ela tenha algumas atitudes em razão das quais as pessoas achem que você é meio louco. A pessoa cem por cento sã está morta. Um pouco de loucura espontânea é sempre motivo de grande alegria. Faça sempre algumas coisas irreverentes também. Assim, o sentido das coisas será possível.

— OSHO

O objetivo deste livro foi o de oferecer explicações, reflexões e dicas para que você possa entender, confrontar e trabalhar os seus medos.

É possível, entretanto, que mesmo depois dessa leitura fique difícil para você entender alguns de seus medos. O que recomendo, então, é que busque um processo de psicoterapia. Como foi citado no item Medo de Terapia, muitas pessoas relutam em buscar esse procedimento porque acham que será doloroso. Na realidade, problemas comportamentais são mais ou menos como problemas físicos. Quando você se sente doente, procura um médico, certo? Problemas físicos devem ser resolvidos; já que se manifestaram no físico, podem até ter uma causa psicoemocional, mas precisam ser cuidados.

Penso que as pessoas apresentam menor resistência em procurar um médico do que um psicólogo. Isso é um grande preconceito, pois problemas emocionais e comportamentais devem ser resolvidos pelo profissional adequado, que é o psicólogo. O enfoque do problema emocional é o idêntico a um diagnóstico de uma doença física. O bom médico é o que vai direto ao ponto e faz um diagnóstico correto. O diagnóstico correto leva ao remédio correto e, com certeza, à cura; é assim também na psicologia. O bom psicólogo é o que consegue diagnosticar o ponto, a raiz do problema e, a partir de técnicas específicas, conduzir o paciente à cura emocional. Enfim, autoconhecimento é a maior percepção do âmago da problemática emocional, o que propicia a mudança de atitudes, partindo da conscientização dos padrões de crenças e comportamentos inadequados à verdadeira natureza do indivíduo.

Sou psicoterapeuta há 32 anos e, nesse tempo todo, tenho percebido que não há uma única saída ou forma de solucionar nossos problemas emocionais. Sinto que tudo depende de um estado de prontidão da própria pessoa. Não podemos apressar o desenvolvimento de uma criança ou de um animal, pois a natureza tem seu tempo; assim também não podemos acelerar ou precipitar o estado de prontidão à mudança de um indivíduo. Somente ele mesmo sabe quando é que está pronto.

Como sabemos, a vida nos empurra através de situações, insatisfações e sofrimentos, como que querendo, por meio disso, mostrar que esse indivíduo tem melhores condições de atuar e ele mesmo não está percebendo isso. Deste modo, o estado de sofrimento e as insatisfações vão aumentando, e, com isso, forçam o indivíduo a se conscientizar de que precisa trilhar por novos caminhos, ou seja, precisa mudar atitudes e posturas e se responsabilizar mais por si mesmo. Como sempre digo, essa mudança dependerá de dois fatores muito importantes: entender as raízes emocionais de suas crenças e a maneira de se comportar, e, depois desta compreensão, mudar as suas posturas e atitudes, do contrário não haverá mudanças. Só entender a problemática não resolve, é necessário agir e de forma diferenciada. A ação é o que dinamiza o processo — podemos compreender, deliberar e decidir por onde começar, mas, se não agirmos, se não dermos o primeiro passo em direção às mudanças, elas não ocorrem. Agir é completar o ciclo, por isso é uma ação dinâmica. Aja diferente para mudar, afinal, o que você tem a perder em tentar, já que a sua vida está ruim e você, insatisfeito? Pense nisso!

Procure direções, sinta com o que se afina, sinta o que soa como verdadeiro para você e vá fundo! Investigue, pesquise, questione, exerça o seu livre-arbítrio e liberdade de questionar e tentar entender o seu processo de vida, e a própria vida.

As grandes verdades estão em todas as religiões e crenças, e o que precisamos fazer é filtrar o conteúdo egoico (vaidade, disputa de poder) de seus dirigentes e divulgadores e nos ater às leis divinas. Hermes Trimegisto afirmou que "tanto no macro como no micro... o que rege o micro, rege o macro"; as leis que valem para a matéria também são válidas para o sutil, o emocional. Observe a natureza, observe as leis que regem o seu corpo, e começará a tomar consciência do divino contido no Todo e das leis divinas que regem a vida.

A maioria das técnicas de psicoterapia também são eficazes; no entanto, é necessário verificar o grau de fanatismo do próprio profissional, no qual está inserida a crença de que sua linha de atuação é a melhor ou o único caminho. O bom psicólogo procura sentir a individualidade do paciente e utiliza técnicas ou estratégias que lhe são adequadas, ou mesmo encaminha este paciente para uma outra linha que lhe seja mais apropriada. Enfim, se possível, entre em contato com vários profissionais e tente sentir sua afinidade com eles e com sua linha de atuação. E tome cuidado com o fanatismo, porque ele fecha outras possibilidades de evolução que ocorrem através da pesquisa e do próprio questionamento. Por isso enfatizo a ideia "Não pense... sinta!" Procure um sentido verdadeiro em tudo que o faça sentir-se bem.

No livro *Equilíbrio emocional* transcrevi uma citação de Buda que vale a pena repetir:

> *Não acrediteis numa coisa apenas por ouvir dizer.*
>
> *Não acrediteis na fé das tradições só porque foram transmitidas por longas gerações.*
>
> *Não acrediteis numa coisa só porque é dita e repetida por muita gente.*

Não acrediteis numa coisa só pelo testemunho de um sábio antigo.

Não acrediteis numa coisa só porque as probabilidades a favorecem ou porque um longo hábito vos leva a tê-la como verdade.

Não acrediteis no que imaginastes, pensando que um ser superior a revelou.

Não acrediteis em coisa alguma apenas pela autoridade dos mais velhos ou dos vossos instrutores.

Mas aquilo que vós mesmos experimentastes, provastes e reconhecestes como verdadeiro, aquilo que corresponde ao vosso bem, e ao bem dos outros — isso deveis aceitar, e por isso moldar a vossa conduta.

— *Buda Gautama*

O caminho evolutivo pode ocorrer pela inteligência e observância das leis naturais ou pela dor e sofrimento; infelizmente há muita gente que opta pela segunda opção. Geralmente recebo pessoas no consultório que vêm buscar ajuda para resolver seus problemas e para se entenderem consigo mesmas, porém algumas não querem fazer sua parte e acham que alguém tem que fazer o milagre para elas; anseiam que alguém lhes toque e promova as mudanças internas como num passe de mágica. A parte horrível é que, lamentavelmente, existem terapeutas que iludem e prometem um milagre que lhes é impossível, que não podem cumprir, pois cada um, mediante a ideia de responsabilidade por si mesmo, precisa trabalhar em si e fazer sua parte.

Ninguém pode atuar dentro de você, ou fazer o que é considerado a sua parte, isso é impossível. Eu possuo uma grande sensibilidade e bastante experiência com pessoas, e, por conta disso, me é muito fácil perceber rapidamente o perfil de uma pessoa e o que ela precisa fazer para mudar. Só que a parte que compete a essa pessoa eu não posso fazer. Como facilitadora, eu oriento, conduzo, aconselho e mostro o caminho, a forma de agir, elaboro uma lista de tarefas e mostro por onde ela deve começar, porém o trabalho interno é individual. Cada um é responsável por si mesmo e pelo seu processo evolutivo. Por isso, enfatizo que não há um modelo único de terapia que seja bom para todos, pois cada um tem o seu próprio ritmo, ponto de prontidão e afinidade.

É por isso que cada pessoa deve sentir com o que se afina. Já dispensei inúmeros clientes por não estarem prontos para fazer o trabalho que uma Gestalt-terapia impõe, mesmo que quisessem fazer terapia comigo. A Gestalt é uma linha dinâmica e muito objetiva que visa promover a integração da pessoa de forma rápida, porém com muita responsabilidade por parte do cliente. Ela impõe responsabilidade, e busca não mimar nem pegar no colo. Só que ainda há muita gente que não quer um terapeuta objetivo, mas sim uma espécie de mãe ou pai que os pegue no colo e passe a mão em suas cabeças. A Gestalt-terapia não se presta a esses mimos por acreditar que existem valores na vida que são estimulantes e que a pessoa conhece, por tendência inata. Como espontaneidade, compreensão, liberdade, receptividade, flexibilidade, entre outros. O objetivo dessa linha de terapia é justamente trazer o indivíduo ao contato com todos esses aspectos que já estão na sua natureza, e, por conta disso, a Gestalt sabe que o indivíduo tem os potenciais de força, capacidade e poder, logo não é um coitado ou vítima, apenas pode não ter ainda consciência disso. É dever da terapia levar o indivíduo a perceber suas verdades interiores e expressá-las, a tornar-se capaz de ampliar suas experiências, aumentar a percepção de como derrota a si mesmo, auxiliá-lo a experimentar e mudar, compreender suas evitações e o seu alívio ao comportar-se mais genuinamente. Este é o verdadeiro trabalho de integração.

É lamentável ver pessoas devidamente acomodadas e arranjando desculpas do tipo "Ah, isto é coisa de vidas passadas", e se apegam a isso para não fazer as mudanças que precisam ser feitas no aqui e agora.

Por favor, parem com isso! Todos nós temos experiências de vidas passadas, e trazemos crenças por conta dessas vivências, só que a vida atual é uma síntese do que vivemos, e todos nós temos um propósito para resolver aqui, nesta vida atual. Vamos parar com desculpas esfarrapadas para não querer progredir e assumir sua responsabilidade! Sabemos que não existe vítima. Cada um de nós tem um propósito aqui para realizar. E, assim, todo o cenário de nossa vida, incluindo pais, parentes, condição social, país etc., são necessários para que o nosso propósito de vida seja realizado. Logo, seria bom assumir essas verdades, parar com o vitimismo, e não se acomodar com desculpas que envolvem falas do tipo "Não consigo", "Oh, isto é tão difícil". Há pessoas que vêm para fazer terapia, mas que, na realidade, não querem mudar. Para elas tudo é difícil; eu explico, interpreto, dou sugestões, faço observações, mostro o caminho, e para tudo elas dizem: "Oh, mas isto é tão difícil"; "Ah, isto eu não vou conseguir". Esse é o tipo de pessoa mimada que não quer mudar coisa nenhuma, o que ela quer é alguém para fazer o milagre para ela. Lamentável, não é mesmo? Enfim, sei que tudo é uma questão de interesse, prontidão e livre-arbítrio, e uma coisa é certa: se essas pessoas não cumprirem seu propósito nesta vida, só adiarão as coisas. Mas, tudo bem, afinal, elas têm a eternidade pela frente, não é mesmo? Às vezes, me sinto frustrada quando vejo pessoas que não querem crescer, mas, no mesmo momento, percebo que minha frustração existe porque criei expectativas, e corrijo isso rapidamente. Reflito comigo mesma: "Cada um está num nível consciencial, e sair de lá só depende dele mesmo!"

Sinto-me um bom instrumento de auxílio às pessoas que realmente querem crescer e amadurecer, tanto no meu trabalho como psicóloga como no centro onde atuo. Porém, tenho a consciência de que não promoverei a mudança do outro, sou somente a facilitadora ou a intermediária, no caso do trabalho espiritual. Os clientes me agradecem e me sinto gratificada a cada sucesso, é claro! Mas, sempre respondo: o mérito é mais seu do que meu, e é verdade!

Assim, reflita, pare com o mimo e assuma a responsabilidade pela sua vida, pelo que pensa e pelo que manifesta no dia a dia. Todos nós tivemos uma infância, já fomos bebezinhos, só que agora não o somos mais e está na hora de crescer, amadurecer e parar de achar que o outro tem que resolver os nossos problemas. Está na hora de criar autossuporte e responsabilidade por si próprio. Se o problema é relativo a cada indivíduo, o investimento em seu amadurecimento pertence a ele mesmo, ninguém pode fazer o que é a sua parte.

Espero grandiosamente que você tenha se sentido ajudado por este livro, e que possa ter entendido, diminuído e resolvido alguns de seus medos. Se houver algum medo que necessite entender melhor, comunique-se via e-mail, e, na medida do possível, tentarei ajudá-lo.

E, se tiver alguma dúvida, crítica ou sugestão, entre em contato. Terei prazer em ouvi-lo!

Paz e Luz!

Reflexão

Toda pessoa vem a este mundo com uma destinação específica — ela tem algo a cumprir, alguma mensagem tem que ser entregue, algum trabalho tem que ser realizado.

Você não está aqui por acaso — há um motivo para você estar aqui. Há um objetivo a ser alcançado. O TODO pretende fazer algo por seu intermédio.

— Osho

REFERÊNCIAS bibliográficas

BECK, Judith S. *Terapia cognitiva* — Teoria e prática. Porto Alegre: Artmed, 1997.

JUNG, Carl Gustav. *O homem e seus símbolos.* 2 ed. Rio de Janeiro: Nova Fronteira, 2008.

NETO, Tito Paes de Barros. *Sem medo de ter medo.* São Paulo: Casa do Psicólogo, 2000.

PERLS, Frederick S. *Gestalt-terapia explicada* 10 ed. São Paulo: Summus, 1977.

Para contatos com a autora, escreva para:

lourdespossatto@uol.com.br.

Acesse os blogs:

Você em Equilíbrio:

http://lourdespossattoblog.blogspot.com/

Como Cuidar Bem:

http://comocuidarbem.blogspot.com/

Relaciono a seguir meus livros anteriores, na ordem de publicação, e os temas abordados em cada um.

- **EM BUSCA DA CURA EMOCIONAL** — Resgatando a Harmonia e o Equilíbrio das Emoções. Este livro discorre sobre o processo de aquisição das raízes das problemáticas emocionais, diálogo com o eu emocional e exercícios para uma maior percepção da criança interna; aborda também as raízes emocionais de quadros como baixa autoestima, ansiedade, depressão (o que desencadeia e enfoques alternativos para o seu controle); autocobrança e perfeccionismo, medos e síndrome do pânico.
- **É TEMPO DE MUDANÇA** — Como promover a alquimia emocional e conquistar a felicidade. A obra trata da capacidade inata para mudar; resistência à mudança (ilusões de estagnação, falta de confiança, não aceitação da realidade, crenças errôneas, cobranças de perfeição, o incoerente medo do novo), trabalhando a transformação de quadros específicos, tais como: transformando o sofrimento; transformando raiva em autoafirmação; preocupações e medos em fé; obesidade em peso ideal; desânimo, preguiça e tédio em entusiasmo; solidão em autocompanhia; vítima em vencedor; indecisão em ação pura; depressão em alegria de viver (transformando a depressão por meio da música e enfoques alternativos); a mudança pelo processo de psicoterapia.
- **A ESSÊNCIA DO ENCONTRO** — Como promover relacionamentos autênticos e harmoniosos. O livro aborda o encontro no relacionamento; a dependência emocional;

a neurose a dois ou o que chamamos de relacionamento familiar e conjugal; aspectos que atrapalham qualquer tipo de relacionamento como automanipulação, dificuldade de assumir a responsabilidade por si mesmo, ciúme, conceito de paixão *versus* amor, jogos de expectativas e cobranças, timidez e dificuldade de expressão, disputa e jogos de poder; como estabelecer um diálogo ideal; como melhorar a relação e promover um encontro autêntico; o relacionamento ideal — conceito da chama gêmea; o encontro com Deus.

- **ANSIEDADE SOB CONTROLE** — Dicas e técnicas de relaxamento, meditação, alfagenia e biodança. Na primeira parte você encontrará os conceitos da ansiedade e suas raízes, doenças psicossomáticas: sobre a dor, doenças e sintomas; doenças e suas causas emocionais: estresse; sintomas psicossomáticos oriundos do estresse e da ansiedade: alergias, câncer, desmaio, distúrbios digestivos, distúrbios do sono, doenças cardíacas, dores de cabeça, falta de ar, impotência, pânico, problemas respiratórios, bronquite e asma, tensões e dores, propensão a acidentes. Na segunda parte: em busca das soluções; controlando a ansiedade através de exercícios de centralidade, caminhada, respiração; técnicas de relaxamento, técnicas de biodança; técnicas de meditação; técnicas de alfagenia.
- **EQUILÍBRIO EMOCIONAL** — Como promover harmonia entre sentir, pensar e agir. O livro trata do conceito de responsabilidade; leis universais: nada acontece por acaso (crenças e decretos, você tem um propósito e sua alma sabe qual é, ego *versus* essência); Responsabilidade pela mudança

de paradigmas; Responsabilidade sobre as emoções; discorrendo sobre alguns quadros emocionais (insegurança, falta de autoconfiança, fragilidade, impotência; chaves para desenvolver autossegurança e autoconfiança; ansiedade, depressão, medos, baixa autoestima, carência emocional, ciúmes, raiva, agressividade, intolerância, criticismo, frustração, indignação, inveja, mimo, vitimismo).

Obras da terapeuta Lourdes Possatto
O caminho do autoconhecimento

Equilíbrio Emocional – Como promover a harmonia entre pensar, sentir e agir

Neste livro, a autora nos ensina a conhecer nossos próprios sentimentos, atingindo dessa forma o equilíbrio necessário para uma vida emocional saudável.

Em Busca da Cura Emocional

"Você é cem por cento responsável por você mesmo e por tudo o que lhe acontece". Esta Lei da Metafísica é abordada neste livro que nos auxilia a trabalhar a depressão, a ansiedade, a baixa auto-estima e os medos.

É Tempo de Mudança

Por que somos tão resistentes às mudanças? Por que achamos que mudar é tão difícil? E por que não conseguimos as coisas que tanto queremos? Este livro nos ajuda a resolver os bloqueios emocionais que impedem nossa verdadeira felicidade.

A Essência do Encontro

Afinal, o que é relacionamento? Por que vivemos muito tempo presos a relacionamentos enganosos em um mundo de ilusão como num sofrimento sem fim? Aqui você encontrará dicas e reflexões para o seu verdadeiro encontro.

Ansiedade Sob Controle

É possível deixarmos de ser ansiosos? Não, definitivamente não. O que devemos fazer é aprender a trabalhar com a ansiedade negativa.